高等职业教育汽车类专业创新教材

智能网联汽车技术概论

（彩色版配视频）

第2版

主　编　谭武明　程增木　丁　娟

副主编　程琳琳　邵建文　马玉彬　谭　莉

参　编　王旋世　魏淑英　赵晨馨　赵存彬

　　　　杨海洋　黄瀚漫　陈春宇　韦明昌

　　　　何贤亮　周沛丽　宋秀芹

二维码总码

机械工业出版社
CHINA MACHINE PRESS

智能网联汽车产业是汽车、电子、信息通信、道路交通运输等行业深度融合的新型产业形态。本书在编写过程中，紧密围绕智能网联汽车的环境感知、决策规划、运行控制三大核心技术，对智能网联汽车的基本概念、整车技术架构、环境感知传感器的结构原理与安装调试、先进驾驶辅助系统（ADAS）的实车应用技术等内容进行了比较细致的讲解。

全书分为智能网联汽车简介、智能网联汽车整车电子电气基础、智能网联汽车环境感知技术、智能网联汽车导航定位技术、智能网联汽车底盘线控技术、智能网联汽车车联网技术以及先进驾驶辅助系统（ADAS）结构原理与应用七个学习项目。学生通过系统的学习之后，能够了解智能网联汽车的基本概念，熟悉智能网联汽车的技术架构与控制策略，掌握智能传感器的安装调试技术，并可以完成先进驾驶辅助系统（ADAS）的常见故障维修工作。

本书可作为高职高专汽车专业的教材，也可作为汽车售后服务企业一线技术人员的学习用书。

为了方便读者学习，书中设有任务实施工单，并配有相关的视频和动画，可通过扫描书中二维码观看学习。本书还配有电子课件，教师可登录机械工业出版社的官网进行注册、下载。

图书在版编目（CIP）数据

智能网联汽车技术概论：彩色版配视频 / 谭武明，程增木，丁娟主编. -- 2版. -- 北京：机械工业出版社，2024. 10. --（高等职业教育汽车类专业创新教材）.
ISBN 978-7-111-76854-8

Ⅰ. U463.67

中国国家版本馆CIP数据核字第2024VR0470号

机械工业出版社（北京市百万庄大街22号　邮政编码100037）
策划编辑：齐福江　　　　　　责任编辑：齐福江
责任校对：张爱妮　王　延　　封面设计：张　静
责任印制：刘　媛
北京中科印刷有限公司印刷
2024年11月第2版第1次印刷
184mm×260mm·12.5印张·274千字
标准书号：ISBN 978-7-111-76854-8
定价：59.90元

电话服务　　　　　　　　　网络服务
客服电话：010-88361066　　机　工　官　网：www.cmpbook.com
　　　　　010-88379833　　机　工　官　博：weibo.com/cmp1952
　　　　　010-68326294　　金　书　网：www.golden-book.com
封底无防伪标均为盗版　机工教育服务网：www.cmpedu.com

前　言

随着汽车全球保有量的快速增长，能源短缺、环境污染、交通拥堵、事故频发等现象日益突出，已成为汽车产业可持续健康发展的制约因素。而电子信息、物联网、大数据、云计算和人工智能等技术与汽车工业的深度融合，被公认为是解决这些问题的有效方案。汽车行业必须向电动化、智能化、网联化、共享化发展，加快推动智能网联无人驾驶汽车技术的成熟和应用。

本书编写特点符合高等职业教育紧缺人才的培养目标，注重应用，满足"智能网联汽车应用技术"专业的教学需求及技术特点，便于开展专业教学，并进行相应项目实训，能激发学生对专业课程的学习兴趣。

本书全面系统地讲解了智能网联汽车的相关技术概念、原理及应用，全书共分为七个项目。项目一介绍了智能网联汽车的相关概念、系统构成、系统分级、发展现况、关键技术和我国智能网联汽车的发展目标。项目二介绍了智能网联汽车整车电子电气基础，主要包括智能网联汽车整车电子电气架构及域控制器技术、智能网联汽车域控制系统基础软件技术、hypervisor 虚拟化技术、AUTOSAR 中间件技术、面向服务的架构技术。项目三介绍了智能网联汽车专用传感器技术，主要包括超声波传感器、毫米波雷达、激光雷达、视觉传感器，以及智能网联汽车多传感器融合技术。项目四介绍了 GPS/ 北斗导航系统、惯性测量单元（IMU）结构原理及应用。项目五介绍了智能网联汽车底盘线控技术，主要包括线控节气门、线控转向、线控制动系统的结构原理。项目六介绍了智能网联汽车车联网技术，主要包括车联网的发展及分类、V2X 技术认知、专用短程

智能网联汽车
技术概论

通信汽车自组网技术认知、LTE-V 技术认知、5G-V2X 技术认知、车载 OTA 系统技术认知。项目七介绍了先进驾驶辅助系统（ADAS）应用技术，主要包括前方碰撞预警系统、车道偏离预警系统、自适应巡航系统、车道保持辅助系统、车辆盲区监测系统、自适应前照灯系统、自动泊车辅助系统、交通标志识别系统、智能座舱系统、抬头显示（HUD）系统和城市领航辅助驾驶系统。

本书配套的仿真软件工具链 PanoSim，是面向汽车自动驾驶技术与产品研发的一体化仿真与测试软件系统，支持包括自动驾驶感知、决策、规划与控制，以及 ADAS/V2X 等在内的研发与测试，集车辆动力学、汽车行驶环境与交通流、车载环境传感器等模型和丰富的场景库于一体，支持与 MATLAB/Simulink 的联合仿真、离线与多物理体在环实时仿真（MIL/SIL/HIL/DIL/VIL）。PanoSim 具有很强的开放性和拓展性，便于第三方集成和二次开发，支持定制化开发，操作简便友好，为自动驾驶及其教学、科研提供了强大的虚拟仿真软件支持。

本书内容新颖，知识面广，重点、难点处理得当，通俗易懂，是一本实用、高效的教材。本书的出版将有利于推动我国智能网联汽车产业发展与职业人才培养，弥补目前智能网联汽车相关教学的不足，对职业院校在智能网联汽车方面的教学展开与专业化体系的建设提供有力支持。

本书由谭武明、程增木、丁娟等共同编写。在本书的编写过程中，编者引用、参考了一些文献资料和图片，特向文献作者和图片拍摄者表示深切的谢意。

由于编者水平有限，书中难免有疏漏和不足，敬请读者指正。

编　者

二维码清单

名称	图形	页码	名称	图形	页码
超声波传感器结构原理与应用		047	车道偏离预警系统结构原理与应用		147
毫米波雷达结构原理与应用		053	自适应巡航系统结构原理与应用		150
激光雷达结构原理与应用		065	车道保持辅助系统结构原理与应用		154
视觉传感器结构原理与应用		075	车辆盲区监测系统结构原理与应用		157
智能网联汽车多传感器融合技术		083	自适应前照灯系统结构原理与应用		161
GPS/北斗导航系统结构原理与应用		095	自动泊车辅助系统结构原理与应用		164
惯性测量单元IMU结构原理与应用		099	交通标志识别系统结构原理与应用		168
线控制动系统结构原理		113	智能座舱系统结构原理与应用		173
V2X技术认知		119	城市领航辅助驾驶系统结构原理与应用		180
前方碰撞预警系统结构原理与应用		143			

目 录

Contents

项目一
智能网联汽车简介

▌单元一　智能网联汽车基本概念

学习目标

1. 了解智能网联汽车的常用术语。
2. 了解智能网联汽车的发展历程。
3. 了解智能网联汽车的等级分类。

一、智能网联汽车专用术语

2023 年 7 月 26 日，工业和信息化部、国家标准化管理委员会印发《国家车联网产业标准体系建设指南（智能网联汽车）（2023 版）》。该指南定义：智能网联汽车是具备环境感知、智能决策和自动控制，或与外界信息交互，乃至协同控制功能的汽车。

智能网联汽车被人们习惯性地称作"自动驾驶汽车"或"无人驾驶汽车"。殊不知自动驾驶汽车和无人驾驶汽车是两个不同的概念，代表两种不同的技术路线或技术层次，不能混淆，需要区别对待。

自动驾驶汽车是指汽车可以通过自身的控制系统完成特定场景下的自主行驶，决定驾驶行为的是人。比如奔驰、奥迪、沃尔沃等车企目前开发量产的都是具有特定条件下可以自动驾驶的汽车，驾驶员想自己开就自己开，在满足车辆相关技术要求的前提下，可以让车辆自动驾驶一段时间。

无人驾驶汽车的主体是车辆本身，比自动驾驶汽车要高出一个等级，就是将开车这项工作完全交给机器去完成，也叫作自主驾驶。比如谷歌的无人驾驶汽车，车上没转向盘、没加速踏板，就一个起动和停止按钮。乘员上车后只需设定好目的地，至于走哪条路线、开多快，全部交由车辆自主决定。无人驾驶汽车完全由计算机控制，会在公共交通、物流运输等领域率先应用。而自动驾驶汽车则会保留手动驾驶的条件，驾驶员可以自由切换自动驾驶和手动驾驶两种工作模式。

智能网联汽车是一项新技术，是一个新领域，很多的技术规范标准处于模糊状态，这在一定程度上阻碍了汽车产业的发展。针对汽车行业对先进驾驶辅助系统及其相关技术没有统一定义的问题，2020 年 11 月 19 日，国家市场监督管理总局、国家标准化管理委员会发布了 GB/T 39263—2020《道路车辆　先进驾驶辅助系统（ADAS）术语及定义》，实施日期为 2021 年 6 月 1 日。

1. 通用术语

　　先进驾驶辅助系统（Advanced Driver Assistance System，ADAS）：利用安装在车辆上的传感、通信、决策及执行等装置，监测驾驶员、车辆及其行驶环境，并通过影像、灯光、声音、触觉提示 / 警告或控制等方式辅助驾驶员执行驾驶任务或主动避免 / 减轻碰撞危害的各类系统的总称。

2. 信息辅助类术语

　　1）驾驶员疲劳监测（DFM）：实时监测驾驶员状态并在确认其疲劳时发出提示信息。

　　2）驾驶员注意力监测（DAM）：实时监测驾驶员状态并在其注意力分散时发出提示信息。

　　3）交通标志识别（TSR）：自动识别车辆行驶路段的交通标志并发出提示信息。

　　4）智能限速提醒（ISLI）：自动获取车辆当前条件下所应遵守的限速信息并实时监测车辆行驶速度，当车辆行驶速度不符合或即将超出限速范围的情况下适时发出警告信息。

　　5）弯道速度预警（CSW）：对车辆状态和前方弯道进行监测，当行驶速度超过通过弯道的安全车速时发出警告信息。

　　6）抬头显示（HUD）：将信息显示在驾驶员正常驾驶时的视野范围内，使驾驶员不必低头就可以看到相应的信息。

　　7）全景影像监测（AVM）：向驾驶员提供车辆周围 360° 范围内环境的实时影像信息。

　　8）夜视（NV）：在夜间或其他弱光行驶环境中为驾驶员提供视觉辅助或警告信息。

　　9）前向车距监测（FDM）：实时监测本车与前方车辆车距，并以空间或时间距离显示车距信息。

　　10）前向碰撞预警（FCW）：实时监测车辆前方行驶环境，并在可能发生前向碰撞危险时发出警告信息。

　　11）后向碰撞预警（RCW）：实时监测车辆后方环境，并在可能受到后方碰撞时发出警告信息。

　　12）车道偏离预警（LDW）：实时监测车辆在本车道的行驶状态，并在出现非驾驶意愿的车道偏离时发出警告信息。

　　13）变道碰撞预警（LCW）：在车辆变道过程中，实时监测相邻车道，并在车辆侧 / 后方出现可能与本车发生碰撞危险的其他道路使用者时发出警告信息。

　　14）盲区监测（BSD）：实时监测驾驶员视野盲区，并在其盲区内出现其他道路使用者时发出提示或警告信息。

　　15）侧面盲区监测（SBSD）：实时监测驾驶员视野的侧 / 后方盲区，并在其盲区内出现其他道路使用者时发出提示或警告信息。

16）转向盲区监测（STBSD）：在车辆转向过程中，实时监测驾驶员转向盲区，并在其盲区内出现其他道路使用者时发出警告信息。

17）后方交通穿行提示（RCTA）：在车辆倒车时，实时监测车辆后部横向接近的其他道路使用者，并在可能发生碰撞危险时发出警告信息。

18）前方交通穿行提示（FCTA）：在车辆低速前进时，实时监测车辆前部横向接近的其他道路使用者，并在可能发生碰撞危险时发出警告信息。

19）车门开启预警（DOW）：在停车状态即将开启车门时，监测车辆侧后方的其他道路使用者，并在可能因车门开启而发生碰撞危险时发出警告信息。

20）倒车环境辅助（RCA）：在车辆倒车时，实时监测车辆后部环境，并为驾驶员提供影像或警告信息。

21）低速行车环境辅助（MALSO）：在车辆泊车或低速通过狭窄通道时，探测其周围障碍物，并当车辆靠近障碍物时发出警告信息。

3. 控制辅助类术语

1）自动紧急制动（AEB）：实时监测车辆前方行驶环境，并在可能发生碰撞危险时自动启动车辆制动系统使车辆减速，以避免碰撞或减轻碰撞后果。

2）紧急制动辅助（EBA）：实时监测车辆前方行驶环境，在可能发生碰撞危险时提前采取措施以减少制动响应时间并在驾驶员采取制动操作时辅助增加制动压力，以避免碰撞或减轻碰撞后果。

3）自动紧急转向（AES）：实时监测车辆前方和侧方行驶环境，在可能发生碰撞危险时自动控制车辆转向，以避免碰撞或减轻碰撞后果。

4）紧急转向辅助（ESA）：实时监测车辆前方和侧方行驶环境，在可能发生碰撞危险且驾驶员有明确的转向意图时辅助驾驶员进行转向操作。

5）智能限速控制（ISLC）：自动获取车辆当前条件下所应遵守的限速信息并实时监测车辆行驶速度，辅助驾驶员控制车辆行驶速度，以使其保持在限速范围内。

6）车道保持辅助（LKA）：实时监测车辆与车道线的相对位置，持续或在必要情况下介入车辆横向运动控制，使车辆保持在原车道内行驶。

7）车道居中控制（LCC）：在车辆行驶过程中，持续自动控制车辆横向运动，使车辆始终在车道中央区域内行驶。

8）车道偏离抑制（LDP）：实时监测车辆与车道线的相对位置，在其将要超出车道线时介入车辆横向运动控制，以辅助驾驶员将车辆保持在原车道内行驶。

9）智能泊车辅助（IPA）：在车辆泊车时，自动检测泊车空间并为驾驶员提供泊车指示和/或方向控制等辅助功能。

10）自适应巡航控制（ACC）：实时监测车辆前方行驶环境，在设定的速度范围内自动调整行驶速度，以适应前方车辆和/或道路条件等引起的驾驶环境变化。

11）全速自适应巡航控制（FSRA）：实时监测车辆前方行驶环境，在设定的速度范围内自动调整行驶速度并具有减速至停止及从停止状态起步的功能，以适应前方车辆和/或道路条件等引起的驾驶环境变化。

12）交通拥堵辅助（TJA）：在车辆低速通过交通拥堵路段时，实时监测车辆前方及相邻车道行驶环境，经驾驶员确认后自动对车辆进行横向和纵向控制。

13）加速踏板防误踩（AMAP）：在车辆起步或低速行驶时，因驾驶员误踩加速踏板产生紧急加速而可能与周边障碍物发生碰撞时，自动抑制车辆加速。

14）自适应远光灯（ADB）：能够自适应地调整车辆远光灯的投射范围，以减少对前方或对向其他车辆驾驶员的眩目干扰。

15）自适应前照灯（AFS）：能够自动进行近光灯或远光灯控制或切换，从而为适应车辆各种使用环境提供不同类型的光束。

二、智能网联汽车发展历程

1. 我国智能网联汽车发展历程

我国对自动驾驶汽车的研究始于20世纪80年代，得益于863计划，即《国家高技术研究发展计划纲要》中提出的自动化技术。我国自动驾驶汽车发展过程如图1-1所示。

国防科技大学从20世纪80年代末开始先后研制出基于视觉的CITAVT系列智能车辆。1992年，国防科技大学成功研制出中国第一辆红旗系列无人驾驶汽车。2011年7月，由一汽集团与国防科技大学共同研制的红旗HQ3无人驾驶汽车完成了286km的面向高速公路的全程无人驾驶试验，如图1-2所示。

图 1-1　我国自动驾驶汽车发展过程

2012年，军事交通学院研发的"军交猛狮Ⅲ号"无人驾驶汽车，在京津塘高速公路以无人驾驶状态行驶114km，最高速度为105km/h。"军交猛狮Ⅲ号"是中国自主研制的无人驾驶汽车，原型为一辆普通的黑色途胜越野车，如图1-3所示。其车顶安装有复杂的视听感知系统，车内装有两台计算机和一台备用计算机组成的执行系统，以此来处理视听感知系统获得的信息，让无人车可以自主进行加速、制动、换档等动作。

图1-2 国防科技大学无人驾驶汽车

图1-3 "军交猛狮Ⅲ号"无人驾驶汽车

2015年12月初，百度无人驾驶汽车在北京进行全程自动驾驶测试，如图1-4所示。测试过程中实现了多次跟车减速、变道、超车、上下匝道、掉头等复杂驾驶动作，完成了进入高速公路到驶出高速公路不同道路场景的切换，最高速度达100km/h。

2015年8月29日，宇通客车股份有限公司研发的无人驾驶大客车在全开放道路测试成功，如图1-5所示。此次自动驾驶的测试成功，是我国客车行业的一个里程碑事件。测试车辆配有2个摄像头、4个激光雷达、1个毫米波雷达及组合导航系统，可以无人驾驶，也可以像普通客车一样人工驾驶，并可随时转换驾驶方式。该车在郑州至开封的城际快速路上，在其他车辆、行人正常通行的全开放环境下进行了测试，全程行驶32.6km，且无人工干预，途经26个信号灯路口，顺利完成跟车行驶、自主换道、邻道超车、自动识别信号灯、定点停靠等测试项目。

图1-4 百度无人驾驶汽车

图1-5 宇通智能驾驶电动客车

2017年，百度公司与德国博世集团在柏林签署战略合作协议，双方将在自动驾驶、智能交通、智能车联网领域展开深入合作。两家公司合作开发百度阿波罗计划（Apollo），阿波罗计划的目标是向汽车行业及自动驾驶领域的合作伙伴提供一个开放、完整、安全的软件平台，帮助他们结合车辆和硬件系统，快速搭建一套属于自己的完整的自动驾驶系统。百度阿波罗自动驾驶汽车如图1-6所示。

2018年，百度公司与厦门金龙客车合作开发"阿波龙"L4自驾巴士，如图1-7所示。"阿波龙"同时也是我国首辆商用级无人驾驶微循环车，这款无人驾驶微循环车的诞生，使百度Apollo无人驾驶技术平台携手金龙客车进入一个新的高度。"阿波龙"在设计上全新构建电动化、电子化及智能化的新形态，是全国首辆无转向盘、无加速踏板、无制动踏板的原型车。"阿波龙"面向商业化开发，自动驾驶级别达到L4高度自动驾驶，由无人驾驶系统完成所有的驾驶操作，计划率先实现特定场景的商业化，比如景区、园区、机场等自动接驳，也能够通过人机交互执行特定的服务任务。随着技术、法规、基础设施、成本等问题的逐步解决，自动驾驶巴士将拓展到半封闭式场地甚至是开放式道路，如班车、旅游、公交等。

图1-6　百度阿波罗自动驾驶汽车

图1-7　"阿波龙"L4自驾巴士

2. 国外智能网联汽车发展历程

自动驾驶汽车的研究最早可追溯到20世纪60年代，主要集中在美国、日本和欧洲的少数几个发达国家，国外的自动驾驶汽车发展历程如图1-8所示。

1984年9月，美国国防部高级研究计划局（DARPA）与陆军合作，发起了投资6亿美元的自主地面车辆战略计划（ALV）。DARPA隶属于美国国防部，其主要业务是开展基础性、先导性、颠覆性的国防科研项目的管理。其项目类别分为基础研究、预先研究和应用研究。其中，最重要的是成熟度不高、风险大、利润低，一般商业企业等技术创新主体不愿投入的预先研究领域。ALV项目基于美国军方提出的机器人计划，不过此机器人非彼机器人，而是一种自主地面车辆，如图1-9所示。当时的设计要求是，通过视觉图像处理系统和计算机系统来完成自主车辆的运行，但受限于当时的技术条件，这个项目进展得并不顺利。

DARPA资助了卡内基·梅隆大学、斯坦福大学和麻省理工学院等大学和制造商企业

图 1-8 国外自动驾驶汽车发展历程

共同参与 ALV 项目。卡内基·梅隆大学的主要任务是解决 ALV 系统复杂的感知和集成问题，为了攻克该技术，卡内基·梅隆大学的研究人员于 1984 年组建了导航实验室，命名为"NavLab"，并于 1986 年研发成功 NavLab 1 自动驾驶汽车，成为全球第一辆由计算机驾驶的汽车，如图 1-10 所示。该车基于一辆雪佛兰厢式货车改装而成，由三台计算机通过以太网集成在一起，主要用于图像处理、图像理解、传感器信息融合、路径规划和车体

图 1-9 美国 ALV 自主地面车辆

图 1-10 NavLab 1 自动驾驶汽车

控制。但是因为受到软件技术的限制，当时最高速度仅为 1.8km/h，直到 20 世纪 80 年代末期才能以最高 32km/h 的速度行驶。

1996 年，意大利帕尔马大学启动了开发一款名为 ARGO 的无人驾驶原型车项目。ARGO 采用通用芯片、商用 MMX 奔腾 Ⅱ 车载计算机系统，配备了一种相对简单且具有成本效益的视觉系统，采用商用低成本 CCD 摄像机，应用立体视觉检测和定位车辆前方的障碍，通过图像获取车辆前方道路的几何参数，通过 I/O 板来获得车辆的速度及其他数据。ARGO 提供了正常、辅助和自动三种驾驶模式。在正常模式下，汽车发现危险就会发出视觉和听觉警报；在辅助模式下，如果驾驶员没有做出反应，汽车会自行控制；在自动模式下，会处理来自摄像头的信息，以控制汽车的运行。1998 年，在意大利汽车百年行活动中，ARGO 试验车沿着意大利的高速公路网进行了 2000km 的道路试验，如图 1-11 所示。试验车行驶的区域既有平坦路面，也有高架桥和隧道丘陵地区，ARGO 试验车的无人驾驶里程达到了总里程的 94%，最高车速为 112km/h。

图 1-11　ARGO 试验车

DARPA 为了吸引更多的团队投入智能车研究，决定举办一项奖金为 100 万美元的无人驾驶汽车挑战赛。从 2004 年到 2007 年，DARPA 共赞助了三场赛事，分别是 2004 年、2005 年和 2007 年的 DARPA 城市挑战赛，如图 1-12 所示。

2009 年谷歌在 DARPA 的支持下，开始了自己的无人驾驶汽车项目。谷歌通过一辆改装的丰田普锐斯在太平洋沿岸行驶了约 22.5 万 km，历时一年多，如图 1-13 所示。

图 1-12　DARPA 无人驾驶汽车挑战赛　　　　图 1-13　谷歌无人驾驶汽车

2013 年，除了科研院校在无人驾驶领域的积极研究外，奥迪、福特、沃尔沃、日产、宝马等众多的传统汽车制造商也纷纷布局无人驾驶汽车。这些传统车企大多采用渐进的方式逐步提高量产车辆的自动化驾驶水平，且同时积极研发无人驾驶技术的发展路线。奥迪自动驾驶测试车如图 1-14 所示。

特斯拉在 2015 年 10 月推出了第一版自动驾驶软件 Autopilot V7.0，如图 1-15 所示。配套的硬件包括 12 个超声波传感器、1 个摄像头、1 个前向毫米波雷达和 GPS 定位。该系统以图像识别为主，毫米波雷达作为辅助，并不是一个真正的自动控制系统，而是一个辅助驾驶系统，远远达不到自动驾驶的程度。如果汽车感应到驾驶员的手离开转向盘一段时间后，它会发出警报声。

图 1-14　奥迪自动驾驶测试车

图 1-15　特斯拉自动驾驶软件 Autopilot

2016 年 5 月 19 日美国当地时间，Uber 无人驾驶汽车在位于美国宾夕法尼亚州匹兹堡市的 Uber 先进技术中心正式上路测试，如图 1-16 所示。Uber 首次路测使用的车辆是一款改装的福特混合动力汽车，它同时进行采集测绘数据并试验自动驾驶功能。当车辆处于自动驾驶模式时，会有一名接受过训练的人员在驾驶员座位上监测车辆运行。Uber 无人驾驶汽车配备了各种传感器，包括毫米波雷达、激光雷达以及高分辨率摄像头，以便绘制车辆周边环境。

2016 年开始，通用汽车开始加大对新业务的投入，宣布向美国第二大打车应用公司 Lyft（来福车）投资 5 亿美元，支持后者车辆共享业务的持续高速发展。紧接着通用汽车公司以 10 亿美元买下位于旧金山的自动驾驶初创公司 Cruise Automation（巡航自动化），正式进入无人驾驶领域，开始研发通用 Cruise 无人车，如图 1-17 所示。

图 1-16　Uber 无人驾驶汽车

图 1-17　通用 Cruise 无人车

三、智能网联汽车类别划分

按照汽车控制权与安全责任分配，无人驾驶汽车可分为不同的等级。不同国家和地区对自动驾驶汽车的分级标准也不相同。目前我国针对智能网联汽车使用国标 GB/T 40429—2021《汽车驾驶自动化分级》，该标准于 2021 年 8 月 20 日发布，2022 年 3 月 1 日正式实施，如图 1-18 所示。

分级	名称	持续的车辆横向和纵向运动控制	目标和事件探测与响应	动态驾驶任务后援	设计运行范围
0 级	应急辅助	驾驶员	驾驶员及系统	驾驶员	有限制
1 级	部分驾驶辅助	驾驶员和系统	驾驶员及系统	驾驶员	有限制
2 级	组合驾驶辅助	系统	驾驶员及系统	驾驶员	有限制
3 级	有条件自动驾驶	系统	系统	动态驾驶任务后援用户（执行接管后成为驾驶员）	有限制
4 级	高度自动驾驶	系统	系统	系统	有限制
5 级	完全自动驾驶	系统	系统	系统	无限制

图 1-18　自动驾驶汽车分类标准（摘自 GB/T 40429—2021）

注：排除商业和法规因素等限制。

在具体内容上，该标准将自动驾驶分为 0~5 共 6 级。

0 级是应急辅助，它可以感知环境并提供报警、辅助或短暂介入以辅助驾驶员，但不具备目标和事件探测与响应的能力。

1 级是部分驾驶辅助，可以持续地执行动态驾驶任务中的车辆横向或纵向运动控制，且具备部分目标和事件探测与响应能力。例如，车道居中控制、车辆自适应巡航等功能都可以归类到 L1 级驾驶自动化中。在这一阶段中，驾驶员需要充当安全员的角色，监管自动驾驶系统的驾驶行为，可以随时介入自动驾驶汽车的驾驶行为。

2 级是组合驾驶辅助，除了可以持续执行动态驾驶任务中的车辆横向和纵向运动控制外，还具备与之相适应的部分目标和事件探测与响应能力。

3 级是有条件自动驾驶，它在一定条件下可以替代人类驾驶员完成驾驶任务。

4 级为高度自动驾驶，属于完全自动驾驶，可以没有驾驶员，但只能在特定的应用场景下实现。对应技术包括激光雷达、高精度地图、中央处理器、智能道路和交通设施。还可以无转向盘、无加速踏板、无制动踏板等控制单元，但需要限定区域（如园区、景区内），或限定行驶环境条件（如雨雪天、夜晚不能开）。

5 级是完全自动驾驶，可以在所有环境下替代人类驾驶员完成驾驶任务。

单元二　智能网联汽车技术架构认知

学习目标

1. 了解国家车联网产业标准体系建设。
2. 了解智能网联汽车技术架构。

一、国家车联网产业标准体系建设指南简介

车联网产业是汽车、电子、信息通信、道路交通运输等行业深度融合的新型产业，是全球创新热点和未来发展制高点。为发挥标准在车联网产业生态环境构建中的顶层设计和引领规范作用，推动相关产业转型升级，加快制造强国和网络强国建设步伐，工业和信息化部、国家标准化管理委员会共同组织制定了《国家车联网产业标准体系建设指南》。

《国家车联网产业标准体系建设指南（总体要求）》为第一部分内容，主要是提出车联网产业的整体标准体系结构、建设内容，指导车联网产业标准化总体工作，推动逐步形成统一、协调的国家车联网产业标准体系架构。车联网产业标准体系建设结构如图1-19所示。车联网产业标准体系建设结构图清晰地表明了国家积极引导和直接推动跨领域、跨行业、跨部门合作的战略意图。在国家法律政策和战略要求的大框架下，充分利用和整合各领域、各部门在车联网产业标准研究领域的基础和成果，调动各个行业通力合作，共同制定具有中国特色的车联网产业标准体系。按照不同行业属性，可将其划分为智能网联汽车标准体系、信息通信标准体系、智能交通标准体系、车辆智能管理标准体系以及电子产品与服务标准体系，为打造创新驱动、开放协同的车联网产业提供支撑。

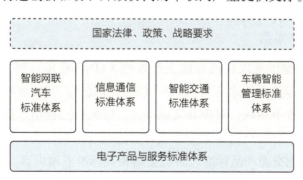

图1-19　车联网产业标准体系建设结构

1. 智能网联汽车标准体系

智能网联汽车标准体系包含基础、通用规范、产品与技术应用、相关标准四项内容，如图1-20所示。

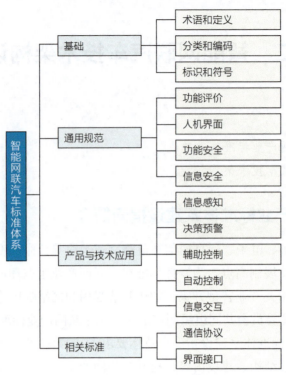

图1-20　智能网联汽车标准体系

2. 信息通信标准体系

信息通信标准体系从技术角度对车联网产业中涉及信息通信的关键标准进行全面梳理，分为感知层（端）、网络层（管）和应用层（云）三个层次，并以共性基础技术和信息通信安全技术为支撑，如图1-21所示。信息通信标准体系架构按照"端－管－云"的方式进行划分，明确各项标准在车联网产业技术体系中的地位和作用，更好地发挥标准体系的顶层设计和指导作用。

3. 智能交通标准体系

智能交通相关标准体系以规范智能交通系统（ITS）技术、服务和产品为重点任务。智能驾驶、车路协同等重点技术是当前ITS领域的研究热点和发展趋势，是新一轮科学技术及产业发展的重要竞争领域，对提升交通安全、缓解交通拥堵、促进节能减排、拉动上下游产业有重要意义。智能交通标准体系包含智能交通基础标准、智能交通服务标准、智能交通技术标准、智能交通产品标准、智能交通相关标准五项内容，如图1-22所示。

4. 车辆智能管理标准体系

车辆智能管理标准体系主要研究并制定相关法律法规，对交通安全行为进行有效规范，降低法律风险，促进车联网产业有序发展。它主要包括车辆智能管理基础标准、车辆智能管理产品类标准、车辆智能管理安全类标准和智能网联车辆安全运行测试与规范管理类标准四项内容，如图1-23所示。

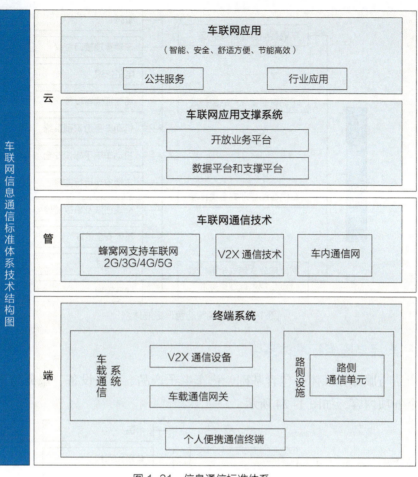

图 1-21 信息通信标准体系

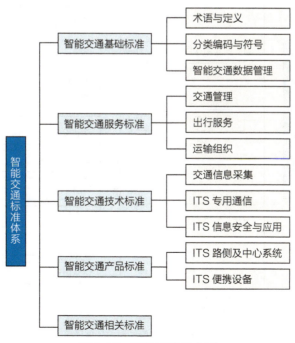

图 1-22 智能交通标准体系

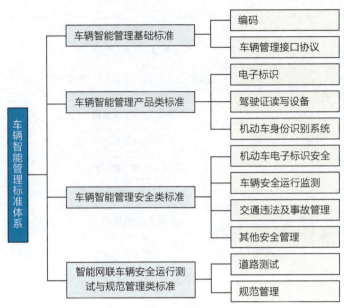

图 1-23　车辆智能管理标准体系

5. 电子产品与服务标准体系

电子产品与服务标准体系包含基础、汽车电子产品、网络设备、服务与平台、汽车电子信息安全五项内容，如图 1-24 所示。

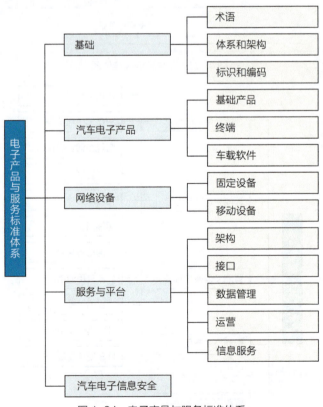

图 1-24　电子产品与服务标准体系

二、智能网联汽车技术架构

2015 年 5 月 8 日，我国正式发布了《中国制造 2025》，对我国制造业转型升级和跨越发展做了整体部署，提出了我国制造业由大变强"三步走"战略目标，明确了建设制造强国的战略任务和重点，是我国实施制造强国的第一个十年行动纲领。《〈中国制造 2025〉重点领域技术路线图》明确指出"节能与新能源汽车"包括节能汽车、新能源汽车和智能网联汽车三部分内容，也明确了智能网联汽车技术架构，如图 1-25 所示。

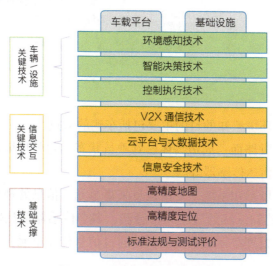

图 1-25 智能网联汽车技术架构

业内人士通常把智能网联汽车技术架构概括为"三横两纵"。"三横"是指智能网联汽车主要涉及的车辆 / 设施、信息交互与基础支撑三大领域技术，"两纵"是指智能网联汽车的车载平台以及基础设施。智能网联汽车发展的总体思路分为三个阶段：近期推进以自主环境感知为主、网联信息服务为辅的部分自动驾驶应用；中期重点形成网联式环境感知能力，实现在复杂路况下的半自动驾驶；远期推动实现 V2X 协同控制、具备高度 / 完全自动驾驶功能的智能化技术。通过智能网联汽车技术，最终达到安全、高效、节能减排、舒适和便捷、人性化出行。

智能网联汽车以汽车为主体，利用先进的智能化技术实现车辆的安全行驶，并通过无线通信技术为用户提供多样化信息服务。智能网联汽车的基本结构概括起来可以分为环境感知、决策规划、控制执行三大系统，如图 1-26 所示。

1. 环境感知系统

智能网联汽车的环境感知系统相当于驾驶员的眼睛和耳朵，用来识别判断车辆周围的环境信息。环境感知技术利用各种传感器获取道路、车辆位置和障碍物等信息，并将这些信息传输给车载控制中心，为智能网联汽车提供决策依据。

环境感知系统的功能是通过车载传感器、卫星定位技术以及无线通信技术等，使得车辆能够对自身状况与外界环境进行动态与静态的信息识别收集，并将信息传送给下一阶

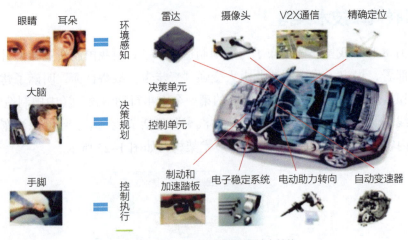

图 1-26 智能网联汽车基本结构

层，即决策规划系统。环境感知的目的主要包括车辆的通过性、安全性、经济性、平顺性；环境感知对象主要有行驶路面、周边物体、驾驶员状态、驾驶环境；环境感知方法有视觉传感器、激光传感器、雷达传感器等。

智能网联汽车的环境感知系统主要由信息采集单元、信息处理单元和信息传输单元组成，如图 1-27 所示。感知系统通过单一传感器、多个传感器信息融合获取周围环境及车辆的实时信息，经信息处理单元识别处理后，通过信息传输单元实现车辆内部或车与车之间的信息共享。

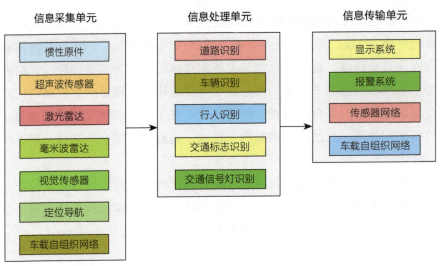

图 1-27 环境感知系统组成

2. 决策规划系统

决策规划系统根据环境感知信息来进行决策判断，确定工作模式，并制定出相应的控制策略，以此替代人类驾驶员做出驾驶决策。决策规划系统的功能是接收环境感知层的信息并进行融合，对行驶道路、周边车辆、行人与非机动车、交通标志以及交通信号等，进行识别分类、决策分析和判断车辆驾驶模式及将要执行的操作，并向控制和执行层输送指令。决策规划系统组成如图 1-28 所示。

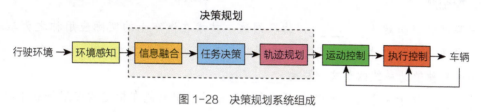

图 1-28 决策规划系统组成

决策规划技术是智能网联汽车的重要技术分支，主要包括车辆定位、控制决策、路径规划三项内容。在车辆对环境探测的基础上做出控制执行，决策层是车辆自主驾驶的直接体现，对车辆安全行驶起着决定性作用。

3. 控制执行系统

按照传统驾驶方式来说，每当驾驶员操纵汽车行驶时，真正控制的也就是加速踏板、制动踏板、转向盘这三个部件，智能网联汽车就是采用底盘线控技术来实现这三个关键部件的智能化控制。线控技术源于飞机控制系统，可以将驾驶员的操作行为通过传感器变成电信号，然后利用功率放大器推动执行机构动作，从而取消了传统的机械连接。汽车线控技术主要由检测反馈、指令信号处理、转换放大、执行器件、动力电源等部分组成。线控技术能够十分精确地对车辆进行控制，大大提升了车辆的安全性和舒适性。

控制执行系统的主要功能是按照智能决策系统的指令，对车辆进行操作和协同控制。智能网联汽车的控制执行采用的是线控技术，主要包括车辆的驱动系统和制动系统的纵向维度控制、转向系统的横向维度控制、悬架系统的垂直维度控制三个维度控制。底盘线控的控制内容主要有线控转向、线控制动、线控驱动和车身控制四部分。其中线控转向系统和线控制动系统是智能网联汽车执行控制系统的核心单元。控制执行系统组成如图 1-29 所示。

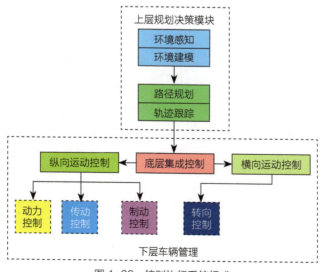

图 1-29 控制执行系统组成

复 习 题

一、填空题

1. 车联网的概念源于 _____，物联网这一技术在汽车上的实际应用称之为车联网，而搭载车联网技术的车辆即为智能网联汽车。

2. 先进驾驶辅助系统的英文缩写为 _____。

3. _____ 属于完全自动驾驶，可以没有驾驶员，但只能在特定的应用场景下实现。

4. 《〈中国制造 2025〉重点领域技术路线图》明确指出"节能与新能源汽车"包括 _____、_____ 和 _____ 三部分内容。

5. 智能网联汽车的基本结构概括起来可以分为 _____、_____、_____ 三大系统。

6. 决策规划技术是智能网联汽车的重要技术分支，主要包括 _____、_____、_____ 三项内容。

二、选择题

1. 先进驾驶辅助系统术语及定义，总体分成（　　　）两个大类别。
   A. 信息辅助类　　　　　　　　　　B. 控制辅助类
   C. 车辆控制　　　　　　　　　　　D. 人员保护

2. （　　　）将信息显示在驾驶员正常驾驶时的视野范围内，使驾驶员不必低头就可以看到相应的信息。
   A. 抬头显示（HUD）　　　　　　　B. 智能座舱
   C. 夜视系统　　　　　　　　　　　D. 中控显示技术

3. 智能网联汽车标准体系主要包含（　　　）等内容。
   A. 基础标准　　　　　　　　　　　B. 通信协议和设备标准
   C. 通信业务与应用技术标准　　　　D. 网络与数据安全

4. 环境感知技术利用各种传感器获取道路、车辆位置和障碍物等信息，并将这些信息传输给车载控制中心，为智能网联汽车提供（　　　）。
   A. 运行数据　　　　　　　　　　　B. 车辆导航
   C. 行驶场景　　　　　　　　　　　D. 决策依据

5. 每当驾驶员操纵汽车行驶时，真正控制的也就是加速踏板、制动踏板、转向盘这三个部件，智能网联汽车就是采用（　　　）来实现这三个关键部件的智能化控制。
   A. 虚拟仿真　　　　　　　　　　　B. 计算平台
   C. 感知部件　　　　　　　　　　　D. 底盘线控技术

6. 环境感知技术利用各种传感器获取（　　　）等信息，并将这些信息传输给车载控制中心，为智能网联汽车提供决策依据。
   A. 道路　　　　　　　　　　　　　B. 车辆位置
   C. 障碍物　　　　　　　　　　　　D. 车辆控制

三、判断题

1. 汽车智能网联技术是指通过搭载先进的车载传感器、控制器、执行器等装置，并融合现代通信与网络技术，实现车与人、车、路、后台等智能信息交互共享，具备复杂的环境感知、智能决策、协同控制和执行等功能，可实现安全、舒适、节能、高效行驶，并最终可替代人来操作的一种技术。（　　）

2. 前向碰撞预警（FCW）实时监测车辆前方行驶环境，并在可能发生前向碰撞危险时发出警告信息。（　　）

3. 车道保持辅助（LKA）实时监测车辆与车道线的相对位置，持续或在必要情况下介入车辆横向运动控制，使车辆保持在原车道内行驶。（　　）

4. 我国对自动驾驶汽车的研究始于 20 世纪 80 年代，得益于 863 计划，即《国家高技术研究发展计划纲要》中提出的自动化技术。（　　）

5. L1 为辅助驾驶，能够帮助驾驶员完成某些驾驶任务，驾驶员需要监控驾驶环境并准备随时接管。（　　）

项目二
智能网联汽车整车电子电气基础

▌单元一 智能网联汽车电子电气架构的发展趋势及主流厂商方案

学习目标

1. 了解智能网联汽车电子电气架构的发展趋势。
2. 了解当前智能网联汽车电子电气架构的主流厂商方案。

随着汽车"新四化"的发展，汽车电子已成为衡量整车性能，特别是智能化、网联化的重要指标，整车电子电气架构（E/E）正逐渐成为各大汽车厂商着力去重构的重要领域之一。随着科学技术的日益发展，尤其是人工智能技术的大规模应用，包括车载娱乐系统、驾驶辅助系统等，这些系统都将越来越复杂，所需的控制器数量和能力也将呈几何倍数增长，这就对整车电气架构提出了全新的挑战。图 2-1 描述了电子电气架构（E/E）从电子化、网络化、智能化到智慧化的发展历程。

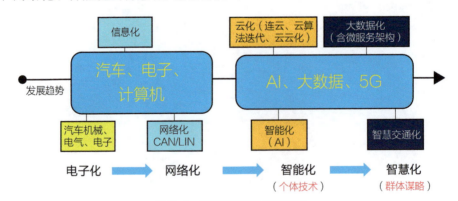

图 2-1 电子电气架构发展趋势

一、电子电气架构的发展

　　汽车上最早的控制单元的作用是实现对发动机功能的控制，每个电器都需要一个控制器进行独立控制，如图 2-2 所示的分布式电子电气架构。

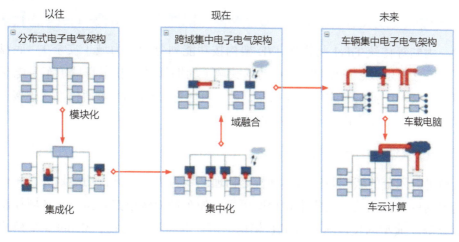

图 2-2　电子电气架构的发展

　　但随着车载电器越来越多，相应的 ECU 也越来越多，这成为各大主机厂一个沉重的负担，具体表现在：

　　1）各个电器自带的 ECU 基本都来源于不同的供应商，虽然他们遵守汽车行业标准和规范，但各家的编程方法与编程语言都有可能不同，后期维护与升级较为繁琐。

　　2）分布式架构下，各个 ECU 都有自己独立的通信渠道，使得整车线束成本高昂，总装复杂程度也较大，ECU 间通信协议一旦确定后调整就比较困难。

　　3）各个 ECU 的运算能力不同，且都有自己的设计冗余，而无法进行资源共享的设计能力将大幅推高整车在控制器上的成本，系统整体协调控制能力不够；而这些缺陷对于整车不断提升的对于控制器运算能力的需求，尤其对于汽车从一个传统的机械零部件总成向一个电子电气零部件总成转变会是一个很大的制约，所以亟须一个全新的整车电子电气架构来解决传统分布式架构的所有问题。

　　因此，目前电子电气架构正在向集中化域控制器的时代迈进，通过把功能相同的传感器、执行器融合在域控制器中，能相对集中地控制每个域，取代了之前复杂繁多的 ECU 控制。未来，电子电气架构还将向车载电脑计算、车 - 云计算发展。

　　车 - 云计算的原理，以无人驾驶技术为例，目前的整车电气架构大多都是基于车载控制器进行大规模运算。随着无人驾驶的不断发展，整车运算量会越来越大，因此在 5G 环境下，未来的一个重要趋势就是各个整车厂将自己的算法都放在云端，通过汽车与云端之间的实时通信，将云端的运算结果第一时间反馈回车辆上。而车辆更多的只是承担一个探测周围环境的任务，甚至都不需要探测周围环境，只需要将自己的状态与意图发送到云端，由运算能力更强的云统一来进行计算并进行相关部署，汽车只需将指令实施就可以了。这样汽车又将回归到一个最为原始的状态，即实现人与货物的运输功能。这样就可以大大降低车辆的成本，同时也可以将潜在的道路交通安全隐患降到最低。

二、电子电气架构主流厂商方案

1. 基于功能划分 E/E 架构下的域控制器（以博世、大陆等 Tier1 为代表）

博世、大陆等传统 Tier1 将汽车 E/E 架构按功能划分为动力域（安全）、底盘域（车辆运动）、信息娱乐域（座舱域）、自动驾驶域（辅助驾驶）和车身域（车身电子）五大区域，每个区域对应推出相应的域控制器，最后再通过 CAN/LIN 等通信方式连接至主干线甚至托管至云端，从而实现整车信息数据的交互。

2. 基于区域划分的集中化 E/E 架构（以特斯拉、丰田、安波福等公司为代表）

以区域进行划分的域控制器以车辆特定物理区域为边界来进行功能划分，相较于纯粹以功能为导向的域控制器，其集中化程度更高，如车辆前区域控制器、左区域控制器、右区域控制器等。典型的按区域划分 E/E 架构的厂商为特斯拉公司，Model 3 车型的三个区域控制器分别为前车身控制模块、左车身控制模块和右车身控制模块。其中，左、右车身控制模块把部分基础功能按区域进行对称划分，两者分别负责各自区域内的内外部灯光、门锁、车窗、驻车制动等。而相对于左车身控制模块，右车身控制模块还具有两个独有的功能——热管理和自动泊车辅助系统。前车身控制模块则主要负责为整车中各个控制器进行电源分配，可以实时监测各个 ECU 用电情况，及时切断部分处于静态但功耗高的 ECU 的供电。此外，前车身控制模块还包括控制前照灯、刮水器等传统车身控制模块（BCM）的功能。除此之外，丰田公司的 Central & Zone 架构、安波福公司的 SVA 架构均采用类似的区域划分解决方案。

▎单元二　智能网联汽车域控制器技术现况

学习目标

1. 了解智能网联汽车域控制器技术的研究现况。
2. 了解当前智能网联汽车域控制器技术的主要设计方案、分类。

一、域控制器研究现状

集中式电子电气架构最重要部分就是域控制器，域控制器的发展极大地促进了智能网联汽车的发展，域控制器主要有如下 7 个特征。

1. 域控制器提高了智能化水平

如图 2-3 所示，算力发展主要分为三个阶段。

1）在过去几十年的传统单片机时代，算力大概只有 1GHz。

2）现在，智能化域控制器采用了处理能力更强的多核 GPU/CPU 芯片，算力从单 CPU 时代的 1GHz 到现在的 10^4GHz，计算速度得到了极大的提高。

3）未来，随着量子计算机的发展，速度还会以 10^4 数量级提升。

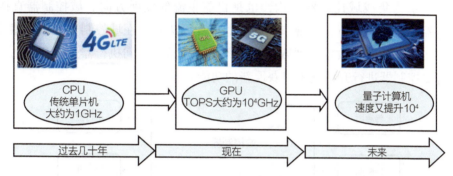

图 2-3　算力主要发展阶段

不同的算力适用于不同的场景和年代。在过去，汽车上的电气设备比较少，传统单片机能很好地满足算力要求。

但是随着汽车的发展，汽车上各种电子电气单元越来越多，各 ECU 间的数据传输越来越频繁，需要处理的数据越来越多，传统单片机算力已经无法满足需求。例如，随着 AI 的发展，汽车诊断技术已从传统的单车诊断发展到车云诊断，车辆将自身收集到的信息传输到云端，再经过迭代后可以将训练好的程序装在域控制器上，想实现对应的功能时直接调用对应的算法即可。然而各种不同的功能就需要不同的算法，同时也需要不断进行车辆状态监控和维护，因此对域控制器算力要求很高，现在处理能力更强的多核 GPU/CPU 能很好地满足要求。

未来，随着量子计算机的发展，计算速度还可能得到更大的提升。相信在不久的未来，汽车能实现更多、更强大的功能，给人们的生活带来更大的便利。

2. 域控制器易于软件升级

图 2-4 所示为传统的域控制器架构，各个 ECU 通过以太网 /CAN/LIN 等方式与域控制器连接。在这种架构下，实现车辆各种功能的软件是装在 ECU 和域控制器上的。一般情况下，我们是调用 ECU 的软件来实现各种功能，但是在 ECU 发生故障时，我们可以用域控制器来协调相关功能。例如，在汽车行驶过程中，控制 ABS 的 ECU 发生了故障，这对汽车安全造成很大隐患，但是域控制器可以调用其他 ECU，对电池、电机进行控制，以使车辆达到一个比较安全的状态。并且，由于不同 ECU 厂商的协议、编程方法等都不一样，所以在这种架构下只能对域控制器进行升级，但是不能对 ECU 进行升级。

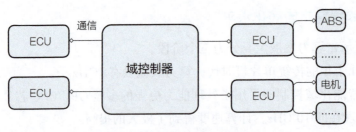

图 2-4　传统域控制器架构

图 2-5 所示为集成域控制器架构，也是目前主流的发展方向。域控制器直接连接传感器和执行器，这种架构下，实现车辆功能的各种算法只放在域控制器上，传感器只需要做好数据收集的工作，将数据传到域控制器经过处理后再传到执行器进行相应的操作；同时，直接对域控制器进行升级就可以获取新的功能。

图 2-5　集成域控制器架构

3. 域控制器集成度要求更高

相较于传统 ECU 而言，域控制器集成度要求更高，能相对集中地控制每个域，取代了之前复杂繁多的 ECU 控制，淘汰了目前的分布式电子电气架构域，整个系统总成的管理变得更加简便，一致性越来越高。图 2-6 所示为汽车整车域控制器架构，底盘域、车身域、动力域和座舱域都与整车域控制器连接，整车域控制器是"大脑"，各子系统的域控制器可以看作"神经中枢"，而传感器和执行器就相当于"表皮神经"和"肌肉"等。随着域的集中，虽然系统间的逻辑关系变得越来越复杂，信息量越来越多，但 GPU/CPU 高数量级的算力能很好地满足要求。

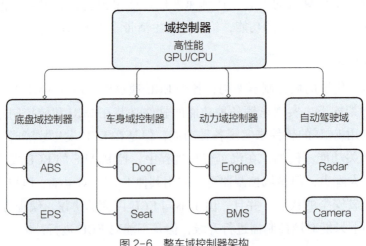

图 2-6　整车域控制器架构

4.域控制器的标准化

通过硬件、中间件、接口、通信协议的标准化、通用化，可以降低域控制器的生产成本。不同类型的公司负责不同的工作，硬件厂商主要生产硬件，软件厂商主要负责软件，算法公司做算法，数据公司做数据。未来，新出厂的汽车都没有应用程序，只有最基本的硬件和中间件，整车功能或者应用都要靠软件来实现。图 2-7 所示为一种标准化域控制器实例，我们只需要在底盘域控制器上连接传感器、执行器（图 2-7 所示的轮速传感器、制动主缸等），并在域控制器中装上 ABS 算法后，就可以实现汽车的防抱死控制。同样地，我们给域控制器连接其他各种各样的传感器、执行器，并且装上不同的算法后，便可以实现汽车更多不同的功能。

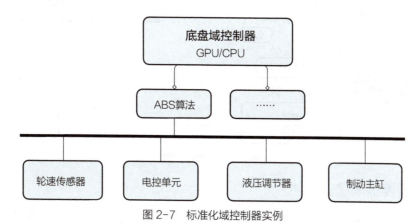

图 2-7　标准化域控制器实例

5.域控制器的软件化

在新的 E/E 架构下，硬件不再被某个功能独享，而是被抽象成服务，成为可以共享的资源。域控制器的软件部分，主要是虚拟机，如图 2-8 所示，通过在已有操作系统上不断地加载新的虚拟机，从而达到一机同时控制多个系统的目的。图 2-8 右半部分则是利用 Docker 等容器化、虚拟化服务，还能将软件微服务化，使每一个微服务成为一个独立的整体，降低了开发、部署的复杂性。

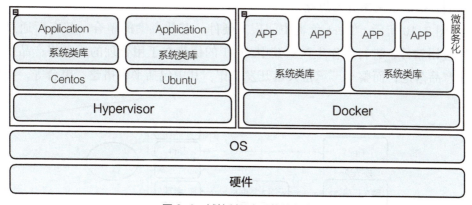

图 2-8　域控制器上层软件部分

6. 域控制器的远程可配置化

如图2-9所示，在未来，一个重要的趋势就是整车厂都会将自己的算法放到云端，汽车域控制器更多地起到数据收集的作用，由算力更强的云端进行调度部署，将结果返回车端，这种做法降低了子系统的设计冗余，降低了汽车成本。同时，随着智能算法在云端的不断更新迭代、训练，能将汽车道路安全隐患降到最低。

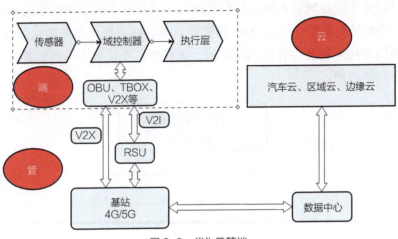

图2-9　华为云管端

7. 域控制器提高了安全性

域控制器可以提高车辆安全性，减少事故发生率。通过设定隔离池，把对安全要求比较高的车辆控制部分放在安全等级高的操作系统里，进而保证了整个汽车系统的安全和可靠性，并降低了成本。事故发生后触发车轮制动（碰撞后制动技术）、主动式安全带预紧器、自动紧急呼叫也同样有助于实现全方位的安全保障。

二、域控制器主要设计方案

通过上述对域控制器特征的总结，为了更好地开发域控制器，下面以自动驾驶域控制器开发为例，拟定了两条开发思路。

1）如图2-10所示，Tier1负责中间层、硬件、芯片方案的整合，整车厂通过云端大数据开发应用软件，进行合作生产。其中Tier1的优势在于用合理的成本将产品生产出来并且加速产品落地，而整车厂承担大量开发工作，其中包括平台搭建、整合等，实现规范统一。

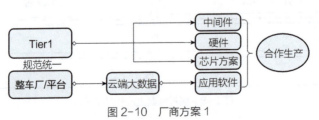

图2-10　厂商方案1

2）无人驾驶市场逐渐被关注，芯片厂商希望分得更多利益，故向方案二过渡，如图 2-11 所示。生产厂家有 Tier1、芯片商、整车厂，他们进行方案的整合并研发，通过中央域控制器，集硬件、软件、测试、数据、品牌为一体，最后通过整车厂实现规范统一，如采埃孚 ProAI、大陆 ADCU、麦格纳 MAX4 等。

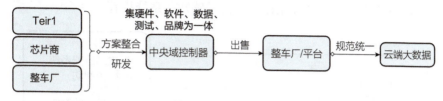

图 2-11　厂商方案 2

上述两种方案，无论选择哪种都遵循一个原则，就是必须通过整车厂。整车厂在软件方面通过标准化的 SOA 软件架构，根据客户需求灵活调整，进行跨平台整合，实现模块化、平台化、信息安全化，更加方便生产。

域控制器的发展将带来传感器模块的标准化和 ECU 功能的弱化。传感器的标准化将给大型零部件生产企业带来优势，因为大型企业资金雄厚、规模宏大、品控能力强，传感器模块化后将不再一一对应 ECU，大型企业能够供应多家客户。同时 ECU 的相关功能被削弱，因为按照传统电子电气分布式架构，ECU 既要监测又要控制，还要进行信号的传递等，引入域控制器概念后，ECU 这些功能减弱，不同的 ECU 之间，或者 ECU 和传感器之间都通过域控制器进行信息传递，所以 ECU 只用完成本职工作就可以，而域控制器需要不断增强功能，来满足整车的控制需求。此外，域控制器的发展也将给整车厂带来影响。大型的跨国整车厂注重智能网联汽车的发展，注重信息安全，同时销售地域广、车型多，并且承担责任的能力更强，所以大型的整车厂将得到良性发展，而小型整车厂在这些方面明显不足，竞争力逐渐下降。

三、智能网联汽车域控制器分类

智能网联汽车在减少道路事故、节能减排、缓解道路拥堵等方面具有极其重要的作用，而自动驾驶系统又是智能网联汽车的核心。近年来，随着智能网联汽车的应用场景日益广泛，人工智能算法在自动驾驶系统中广泛应用，自动驾驶系统功能不断增强，导致单一芯片架构的硬件平台的算力已经无法满足自动驾驶系统的需要。智能网联汽车的感知系统由多种类型传感器组成，导致系统集成和通信接口的复杂性增加，传统分布式控制系统架构不能满足可靠性要求。因此，设计一个接口丰富、功能多样、高性能、集成化高的智能网联汽车域控制器具有重要的意义。

如图 2-12 所示，域控制器可以将汽车电子各部分功能划分成几个领域，如车身域、动力域、底盘域、自动驾驶域、智能信息域和座舱域等，然后利用处理能力强大的多核CPU/GPU 相对集中地控制域内原本归属各个 ECU、传感器的大部分功能，以此来取代传统的分布式架构。

不同的域的功能不同，对应的传感器、ECU 也有所不同。车身域的功能组成包括安全与舒适性、车辆电源管理、车辆信息通信、照明控制。底盘域的功能组成包括主动悬架系统、线控制动、线控转向、车轮轮胎系统、电池管理、电机控制、能量回收。自动驾驶域功能组成包括多传感器融合、定位、路径规划、决策控制、图像识别、数据处理。智能座舱域功能组成包括智能交互、个性化体验、情景感知、系统推荐。

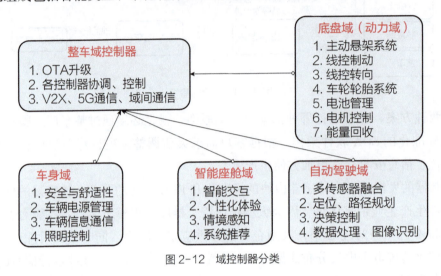

图 2-12　域控制器分类

四、智能网联汽车座舱域控制器厂商方案

智能座舱域控制器领域，全球主流的厂商包括博世多媒体、松下、伟世通、大陆汽车、三星哈曼等；全球二线厂商则有现代摩比斯、安波福、弗吉亚歌乐。国内市场厂商则包括德赛西威、华阳、航盛等。

进入汽车智能化时代后，座舱电子也在快速变化，HUD、仪表、Infotainment（车载娱乐信息）、T-Box（车联网）、ADAS、360° 全景、自动泊车系统等不再是一个个孤岛，而是互相联系为一个整体。

进入 L3 时代，驾驶员行为监测可能成为必备的功能，面部识别、眼球追踪、眨眼次数跟踪等将引入机器视觉和深度学习算法。而 L4 时代则必备 V2X（Vehicle to everything），座舱电子的复杂程度和运算资源需求量暴增。

1. 伟世通 Smart Core

Smart Core 旨在集成信息娱乐、仪表板、信息显示、HUD、ADAS 和网联系统。据伟世通称，它具有很高的扩展性和网络安全程度，可实现独立的功能域。按照伟世通的预测，2024 年全球座舱域控制器的需求量将从 2018 年的 20 万台增长至 1420 万台。

2. 安波福

安波福是第一家以 CDC 悬架打进市场的供应商。他们的集成驾驶舱控制器（Integrated Cockpit Controller, ICC）用的是英特尔汽车处理器系列，可支持四个高清显示器，可扩展，并且可以从入门级覆盖到高端产品。

安波福声称，与市场上的其他传统系统相比，他们的 ICC 在图形和计算能力方面提供了实质性的改进，该集成架构可节省高达 12% 的成本，同时减轻 33% 的重量。法拉利 GTC4Lusso 采用了他们的第三代 ICC。

3. 德赛西威

德赛西威专注于汽车电子的技术、经验和客户积累，基于现有的车载信息系统、车载娱乐系统、驾驶信息显示系统、空调控制器等产品，不断推进传统产品向智能驾驶舱的方向升级。同时开拓智能驾驶、车联网等相关联的新产品线，实现提供以智能驾驶舱、智能驾驶和车联网三大业务群为基础的整体出行方案。

五、域控制器硬件发展现状

1. 域控制器系统架构组成

智能网联汽车域控制器是智能网联汽车系统中重要的组成部分，需要兼容大量的多类型传感器。同时，系统还需要集成更多功能模块，具有接口丰富、高算力、集成化高等特点。现有的单一芯片架构是无法满足需求的，因此，智能网联汽车域控制器需要采用异构芯片的硬件方案，即在单板卡集成多种架构芯片。异构芯片硬件架构中 AI 芯片是重要的组成部分，目前，AI 芯片架构主要有 GPU、FPGA、ASIC 等。智能网联汽车域控制器系统架构主要包含基于异构多核芯片的硬件架构、智能网联汽车操作系统、基础软件框架和自动驾驶功能软件。

2. GPU+CPU 异构模式

智能网联汽车域控制器是结合车辆线控平台和大量多类型外围传感器的核心部分。因此，对于控制器的性能和接口有很高的要求。现有的单一架构是无法满足要求的，需要采用单卡集成多种架构芯片的异构多核芯片的硬件方案。GPU 通用计算通常采用 CPU+GPU 异构模式，由 CPU 负责执行复杂逻辑处理和事务处理等不适合数据并行的计算，由 GPU 负责密集型的大规模数据并行计算。

图 2-13 所示是 GPU 通用计算的异构模式，GPU 通用计算主要分为四步：① GPU 从主内存中复制需要处理的数据到 GPU 内存。② CPU 给 GPU 发出处理数据的指令。③ GPU 的每一个内核开始处理数据并将处理结果存在 GPU 内存。④ GPU 再通过总线将 GPU 内存中的数据复制到计算机主内存。

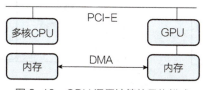

图 2-13　GPU 通用计算的异构模式

3. 特斯拉 3.0 芯片案例

目前上游汽车控制器芯片厂商主要有恩智浦、TI、英飞凌、瑞萨、ADI 等公司。但是这些公司直接提供的芯片可能无法满足汽车企业的需求，因而汽车企业也可以委托上述公司制造定制芯片。图 2-14 所示是特斯拉 3.0 芯片。该芯片由特斯拉自主研发设计，在封装里面包含着三种不同的处理单元：负责图形处理的 GPU、负责深度学习和预测的神经处理单元（NPU），还有负责通用数据处理的中央处理器（CPU）。特斯拉的自动驾驶系统是一种较为依赖摄像头数据的系统，所以芯片计算能力对于提升特斯拉自动驾驶系统的性能是至关重要的。该芯片的中央处理器是 1 个 12 核心 ARM A72 架构的 64 位处理器，运行频率为 2.2GHz；图像处理器能够提供 0.6TFLOPS 计算能力，运行频率为 1GHz；2 个神经处理单元运行在 2.2GHz 频率下，能提供 72TOPS 的处理能力。为了提升神经处理单元的内存存取速度以提升计算能力，每颗 FSD 芯片内部还集成了 32MB 高速缓存。

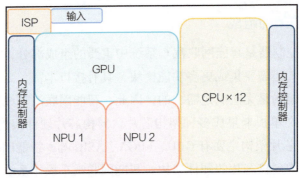

图 2-14　特斯拉 3.0 芯片

4. 整车算力架构发展

随着云计算技术的发展，域控制器硬件计算能力相对云端计算而言是十分有限的。如图 2-15 所示，车载端可以通过 Pc5 与道路边缘设备连接，进行较强的道路边缘计算。如果算力还不够，车载端和道路设备可以通过 Uu（5G）将车辆信息传输到云端，经过云端超强计算后，将处理结果返回到车端。

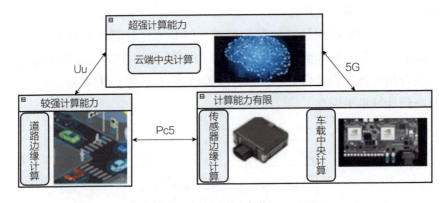

图 2-15　算力架构

单元三　智能网联汽车域控制器系统基础软件技术

学习目标

1. 了解智能网联汽车当前主流使用的操作系统。
2. 了解当前智能网联汽车的 Hypervisor 虚拟化技术。
3. 了解 AUTOSAR 中间件技术。
4. 了解微服务架构技术。

一、智能网联汽车主流操作系统

汽车操作系统作为硬件和软件的结合，成为企业竞争的核心点。国际市场上，目前主要形成了以 QNX 为主、Linux 次之的竞争格局，WinCE 逐渐退出车载操作系统市场，未来在国际市场上，Android 市场占有率将保持继续上升趋势。

1）国外车企传统的 ROM 型操作系统，底层操作系统一般基于 QNX 或 Linux 开发，见表 2-1。

表 2-1　国外主流车企车载操作系统

品牌		ROM 型操作系统	底层操作系统
国外主流车企	奔驰	MBUX	QNX
	宝马	iDrive	QNX
	大众	MIB	QNX
	丰田	G-BOOK	Linux
	凯迪拉克	CUE	Linux
	本田	Honda Connect	Andriod
	雪佛兰	My Link	Andriod

2）由于国内 Android 应用生态更好，国内自主品牌和造车新势力大多基于 Android 定制汽车操作系统，例如比亚迪 DiLink、吉利 Gkui、小鹏 Xmart OS 等，见表 2-2。

表 2-2　国内主流车企车载操作系统

品牌		ROM 型操作系统	底层操作系统
国内传统车企	比亚迪	Dilink	Android
	荣威	斑马智行系统	AliOS
	吉利	Gkui	Android
	长城	Hi-life	Android

（续）

品牌		ROM 型操作系统	底层操作系统
造车新势力	蔚来	NIO OS	Android
	小鹏	Xmart OS	Android
	威马	Living Engine	Android
互联网公司	百度	小度车载 OS	Android

二、基于 Hypervisor 的虚拟化技术

1. 宿主虚拟机管理技术

座舱电子域控制器的软件部分主要是虚拟机，在 ARM v8 架构推出前，主要都是基于软件的虚拟机技术，如图 2-16 所示，通过在已有操作系统上不断地加载新的虚拟机，从而达到一机同时控制多个系统的目的。

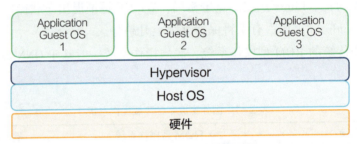

图 2-16　宿主虚拟机管理程序

不过，由于主要基于软件，因此其相应的系统代码数量也会随着虚拟机的增加呈指数倍地增加，系统出错概率也成倍提升，这对于主打安全性的汽车来讲是不太合适的。同时软件工作量持续增加，浪费大量时间，也增加了成本。

2. 裸机虚拟机管理技术

ARM v8 架构的 A53 和 A57 推出后，基于硬件的虚拟机技术后来居上。每个系统都会有相对应的芯片内核来进行控制，就不会造成软件系统的相互堆叠，极大地减少了系统代码的编译量。如图 2-17 所示，设定隔离池，把对安全要求比较高的车辆控制部分放在安

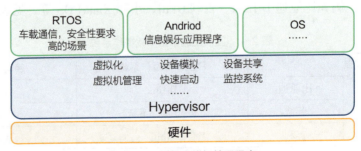

图 2-17　裸机虚拟机管理程序

全等级高的操作系统里，进而保证了整个汽车系统的安全和可靠性，并降低了成本。把第三方应用放在开放的实时性要求不高的 Android 系统里。

3. 微控制器与域控制器比较

汽车整车电子电气架构正在从分布式向集成式发展。在这个背景下，整车控制器也从微控制器向域控制器发展。在微控制器时代，每一个微控制器都有特定的功能，如发动机控制系统、防抱死系统等。每一个微控制器开发好之后，其功能已经固定，难以对其进行软件升级。同时不同微控制器厂商所用协议、语言等不统一，加入新功能后，ECU 数量越来越多且来自不同厂商，整车架构必须重新设计，增加了汽车设计开发的难度和成本。

如图 2-18 所示，相较微控制器而言，域控制器多了虚拟硬件环境（Hypervisor）与操作系统（OS）以及 SOA 等。域控制器加上 OS 后，能灵活地升级软件，直接对域控制器升级，即可实现新的软件算法，而不需要花大量工作去开发新的硬件。

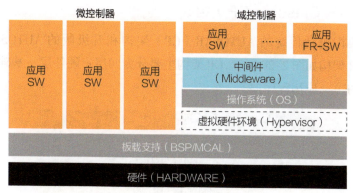

图 2-18　微控制器与域控制器比较

三、AUTOSAR 架构

1. AUTOSAR 概述

在一个汽车域控制器中，主要有两部分的应用软件：一种是实现车辆各种具体功能及算法的上层应用软件，例如自动泊车、语音识别、地图导航等；另一种是保证域控制器能够正常运行的许多底层软件，比如处理机任务进程的调度、CAN 总线数据的接收和发送、Flash 数据的读取和保存等。一方面，这些部分的底层软件在不同的硬件中功能重复度很高，重复编译增加了控制器设计冗余；另一方面，这部分底层软件又和硬件紧密相连。在之前，例如开发人员在 Intel 处理器平台上写好一个软件，换到 AMD 处理器平台可能就用不了。因此，开发人员可能又得为新的处理器平台写一套底层软件。但是这种方法是非常低效的，并且容易出现各种不可预期的错误，耗费了大量的人力物力。

如图 2-19 所示，通过标准化应用软件和底层软件之间的接口，让应用软件开发者可以专注于具体应用功能的开发，而无需考虑控制器底层的运行过程。这样即使更换了处理器硬件，应用软件也无需做太多修改就可以被移植过去。而底层软件的开发则交给专门的公司，他们为每一个处理器硬件写好驱动，并封装成标准化接口提供给上层。这样底层软件就可以被高效地集成到不同项目中。而由于同一套底层软件被大量重复使用，发现错误的概率大大提高，从而可以很快得到修补，并且通过更新对其他项目进行同步修补。

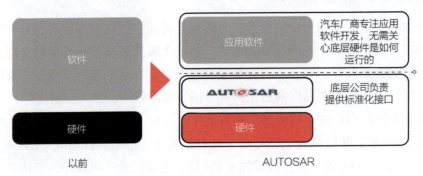

图 2-19　AUTOSAR 发展

2. AUTOSAR Classic（CP）组成

AUTOSAR 架构包括传统的 AUTOSAR（CP）架构和升级版的 AUTOSAR（AP）架构。传统的 AUTOSAR 架构如图 2-20 所示，CP 架构主要分为四层：硬件层、基础软件层（BSW）、运行环境层（RTE）、应用程序层。

图 2-20　CP 架构分层

1）基础软件层（BSW）。如图 2-21 所示，基础软件层（BSW）从底层到上层依次是微控制器抽象层（使 ECU 抽象层与处理器型号无关）、ECU 抽象层（使服务层与 ECU 硬件设计无关）、服务层（提供给应用程序可用的服务）、复杂设备驱动（提供复杂执行器和传感器的驱动，使应用程序直接与底层硬件交互）。

图 2-21　基础软件层分层

如图 2-22 所示，CP 架构基础软件层的具体组成主要分为以下三层。

① 最底层是微控制器抽象层，主要包含与硬件有关的驱动程序，可以用来访问 Micro Contr Drivers（微控制器设备）、Memory Drivers（内存设备）、Com Drivers（通信设备）和 I/O Drivers（I/O 设备）等。

② 其次是 ECU 抽象层，其作用是提供统一的标准化接口给服务层，实现将 I/O 设备、内存设备和通信设备等抽象成 Onboard Dev Abstr（在板设备抽象）、Memory HW Abstr（内存设备抽象）、Com HW Abstr（通信设备抽象）、I/O HW Abstr（I/O 设备抽象）；同时无需在意设备来自哪个厂商，也无须在意这些设备是来自微控制器还是外部设备。

③ BSW 的最上层是服务层，其作用是将各种基础软件功能封装成 Services，主要包括 System Service（系统服务）、Memory Service（内存服务）、Com Service（通信服务）等各种服务，供应用层调用。

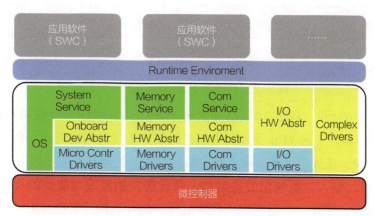

图 2-22　CP 架构基础软件层组成

从图 2-22 中还可以看到，BSW 中绿色的 OS 模块即系统服务层，主要提供实时的操作系统运行环境服务，包括系统中断管理、资源调度、任务管理等，也提供 Watch Dog、时钟同步、ECU 状态管理等服务。BSW 中最右侧黄色模块为 Complex Drivers（复杂设备驱动层），使应用程序直接与底层硬件交互。Complex Drivers 的原理是利用中断等技术，来保证一些实时性要求较高的传感器驱动和执行器动作执行功能，例如燃油喷射控制、电磁阀位置控制、车距识别等。

2）运行环境层（RTE）。功能主要是提供基础的通信服务、提供 AUTOSAR 软件组件访问基础软件模块服务（BSW services）。事件调度 RTE 主要负责调用可以运行的实体，AUTOSAR 软件的组件无法直接动态创建 Runnable 线程，必须通过预先编译好的 RTEEvents 来触发可运行实体的执行。

3）应用程序层。主要是 SWC，即封装部分汽车电子功能的模块，而提供给用户的各种软件功能则是由多个相互交互的功能模块组成的。

① SWC。AUTOSAR 最上层是 SWC 原子级应用。SWC 的特点是对应一个 C 文件，因此在 AUTOSAR 应用软件层中，每一个 SWC 都可以看作是实现某一个特定功能的算法。

即把 SWC 看作是最小单元（实现一个最小的功能，SWC 不可再分，SWC 相互间不具有耦合性），而 Runnable 则是该单元中的一个独立运行的线程（Thread）。

②RTE 对 Runnable 起支撑作用。图 2-23 所示为 SWC 构成操作系统可用程序的过程。RTE 能够触发 SWC，即触发 Runnable 的运行，然后生成调用 Runnable 的 task 代码，配置 OS 信息，从而实现软件在操作系统中的运行。其次，RTE 相当于一个快递中转站，主要负责将一个 SWC 的信息传到另一个 SWC 或者 BSW，从而实现这些软件间的信息通信功能。

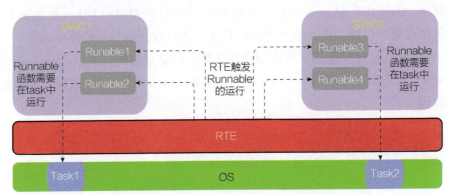

图 2-23　RTE 对 Runnable 的运行支撑

③AUTOSAR 方法论。图 2-24 则更具体地介绍了 AUTOSAR 中生成可执行文件的步骤。AUTOSAR 方法论涵盖了从 VFB 设计到生成代码软件集成之间的所有步骤。其不仅规定了每一个步骤的行为，还规定了各步骤之间的衔接方式。关键开发流程如下：

a）系统配置的输入。系统配置是对整个系统建立抽象或功能性的视角。这一阶段需要做的有确定接口、模式、数据类型、软件组件、集合、软件组件约束（哪几个软件组件放在一个 ECU 上）和整个系统架构。

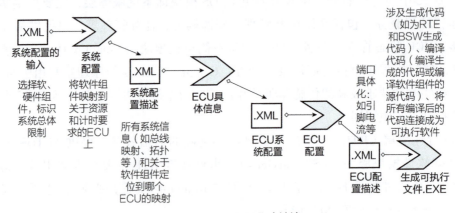

图 2-24　AUTOSAR 方法论

b）ECU 设计与配置阶段。这一阶段需要做的包括具体设计 VFB 中的接口、模式、数据类型、软件组件及其定时。软件组件的实现独立于 ECU 的配置，这是 AUTOSAR 方法论的重要特征。最重要的是知道系统的拓扑结构和 ECU 资源，即有几个 ECU，各 ECU 间如何通信，通信形式和内容，ECU 上有哪些资源，芯片引脚信息等。

c）生成代码 – 软件集成。软件集成是以 ECU 为单位的，每个微控制器都需要 ECU 配置。在这一阶段首先需要进行 RTE 配置。RTE 的配置包括建立 OS 任务，并将运行实体 Runnable 映射到 OS 任务 task 上。然后是配置 BSW，其中包括通信栈、操作系统、系统服务、存储、诊断、MCAL 等基础软件模块。在配置完成后，则是生成 RTE、BSW、OS 和 MCAL 代码。这些代码都是在不同的配置工具中分别生成的，而最后放在编译器中统一编译成可执行文件。

3. AUTOSAR Adaptive（AP）组成

CP classic autosar 方式一般适用于传统 ECU，并且功能在 ECU 开发后比较固定，更新升级不便。面对汽车一些复杂的新功能，例如无人驾驶、车联网和域控制等，这种架构显然是无满足要求的。图 2-25 所示是一种新的 AUTOSAR 架构，从下到上分别是：

1）硬件层（Hardware/Virtual Machine），主要是高算力的 GPU/CPU 或者虚拟机。

2）基础服务层（BSW），主要是各种 API 和 Service，它们可能来自其他设备、云端或者网络上的某个位置，在使用的时候无需关心其来自何处，只需要调用即可。

3）运行层（ARA），它是一种实时的运行环境，上层的应用可以灵活地安装、升级和卸载。

4）组件层，各种不同的应用是由下层不同的 OS、COM 等组成的容器化的程序，从而实现汽车智能、快速、动态调配等功能。

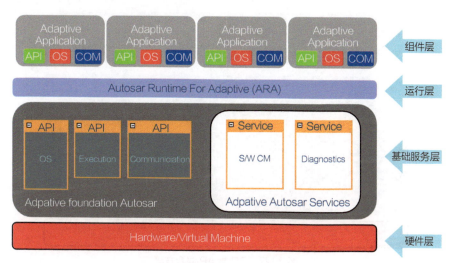

图 2-25　AUTOSAR Adaptive 架构

4. AUTOSAR CP 与 AP 比较

图 2-26 所示为两种 AUTOSAR 架构比较。

1）CP 架构一般应用于传统的 ECU 中。它只有一些基础服务，例如内存、网络管理等；它是硬实时的，RTE 根据底层服务来使用特定的基础服务，因此功能在 ECU 开发后就是固定的；但是它的安全等级很高，可以达到 ASIL-D。

图 2-26　CP 与 AP 比较

2）AP 架构一般应用于自动驾驶、车联网以及域控制等。AP 架构只保留了一部分 CP 架构中的基础服务，例如诊断、Net 管理等；但是它新增了很多新的服务，如升级配置、执行管理、健康管理、状态转移等。同时操作系统也由之前的 AUTOSAR OS 变为可移植操作系统（POSIX），如 QNX 等。ARA 是软实时的，当需要某个服务时，它可以来自于任何地方，我们只需要调用就可以了，而不需要关注它来自何处。因此，这种方式大大提高了软件升级配置的灵活性，可以任意安装、升级、卸载应用。

3）CP 与 AP 混合是目前常用的一种方案。如图 2-27 所示，AP 继承了传统 ECU 相关代码、数据、算法（SWC）等，同时又要实现自动驾驶、车联网以及域控制（COM、OS）等新功能，所以需要将 CP 向上兼容到 AP。

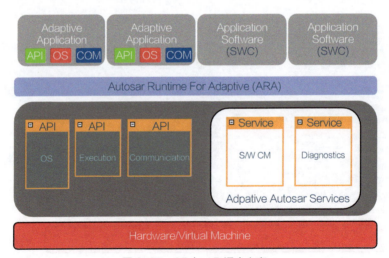

图 2-27　CP 与 AP 混合方案

5. AUTOSAR 在域控制器上的应用

如图 2-28 所示，各个域之间通过以太网交换机（Ethernet Switch）进行通信，而在单独的一个域内，SWC 和 APP 通过 Signal 2 Service 进行通信。SWC 主要使用 TCP/IP、SoAD、BswM、SOME/IP 等协议，APP 主要使用 TCP/IP、SOME/IP、DOS、IPC 等协议来实现信息通信和软件调用。同时，各个域通过 CAN/LIN 总线与传感器、执行器相连，从而实现汽车各种不同的功能。

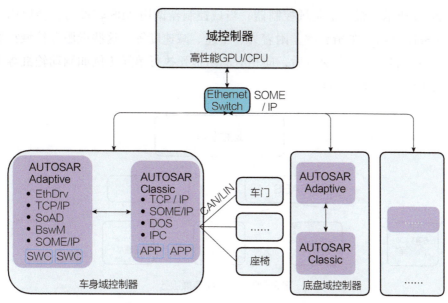

图 2-28　AUTOSAR 在域控制器上的应用

四、微服务架构

1. 微服务概述

微服务架构就是把原来的一个提供多种服务的应用模块划分为若干个独立的服务模块，原来应用的所有服务功能都由这些服务模块分别实现。每一个微服务都是一个相对独立的个体，由专门的开发团队独立开发、测试、部署。这样就把原先一个混合了多种服务体系的应用模板，通过相应的规则和结构划分为独立的服务模块，将原先混乱的服务功能全部一一分离同时进行模板化，使得每一个微服务都成为一个独立运行的个体。

1）微服务架构的优点：每个服务都比较简单，只关注一个业务功能。微服务架构方式是松耦合的，可以提供更高的灵活性。微服务可通过最佳及最合适的不同的编程语言与工具进行开发，能够做到有的放矢地解决针对性问题。每个微服务可由不同团队独立开发，互不影响，以加快推向市场的速度。微服务架构能够更好地帮助企业将新的功能点快速地迭代插入到现有的生产环境中去，它减少了开发的复杂性、部署的复杂性，同时架构本身也降低了资源的消耗，使得架构本身能够有效地提高整个系统的开发效率及容错率。

2）微服务架构的缺点：系统由众多微服务搭建，每个微服务需要单独部署，从而增加部署的复杂度，增加运维成本；微服务架构牺牲了运维复杂度来提升开发速度和敏捷性，需要花费更多的精力和时间来实现基础设施的构建与维护；作为分布式部署的微服务，当服务数量增加时，管理复杂性也随之增加。

2. 汽车微服务

微服务主要针对的是某些功能，而不是节点。

如图 2-29 所示，最上层是域控制器，当域控制器调用 ABS 软件后，会启用最下层各种微服务（Services），如滑移率、附着力、车速、减速度等，这些微服务给域控制器提供相关数据。域控制器对信息决策后，向相应的防抱死执行单元（例如制动轮缸等）发出指令，即可实现汽车防抱死功能。

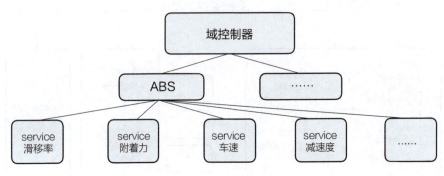

图 2-29　汽车 ABS 微服务

3. AUTOSAR 微服务

如图 2-30 所示，服务提供商（Service Provider）将开发好的各种应用程序打包成服务，当服务消费者（Service Consumer）需要相应服务时，先向服务提供商（Service Provider）提出查询，若存在，将其封装成 Skeleton 包后便可以通过以太网发送给服务消费者（Service Consumer）。

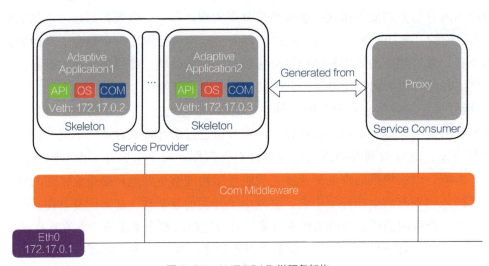

图 2-30　AUTOSAR 微服务架构

4. AUTOSAR 动态调配微服务

以智能汽车人脸识别与语音识别为例，AUTOSAR 具有动态调配微服务的功能。如图 2-31 所示，每一个应用软件（Adaptive Application、SWC）相当于一个微服务，人脸识别、语音识别都是不同的微服务组成的。当需要使用某项功能时，我们只需要调用该功能相关微服务。

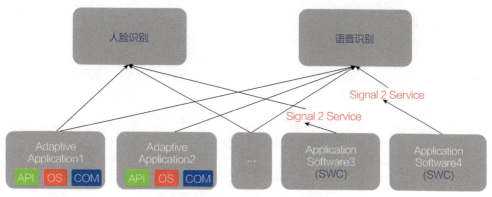

图 2-31　基于 AUTOSAR 的微服务

　　如图 2-32 所示，当语音识别和人脸识别都被启用后，四个微服务都被同时启动，给人脸 / 语音识别提供服务。

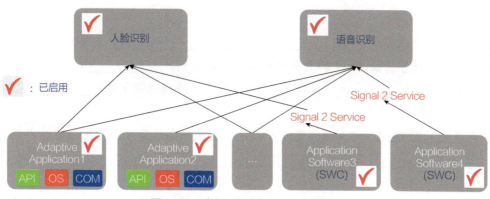

图 2-32　动态调配语音识别 + 人脸识别

　　如图 2-33 所示，当只有语音识别被启用后，只有第 1、2、4 个微服务被同时启动，给语音识别提供服务。第 3 个微服务则处于关闭状态，未被启动，也不消耗系统资源。

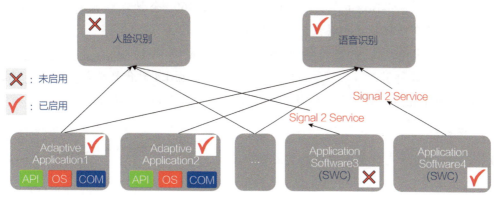

图 2-33　动态调配语音识别

　　如图 2-34 所示，当只有人脸识别被启用后，只有第 1、3 个微服务被同时启动，给人脸识别提供服务。这四张图体现了动态调配的功能，使资源利用最大化，提高了硬件的利用效率。

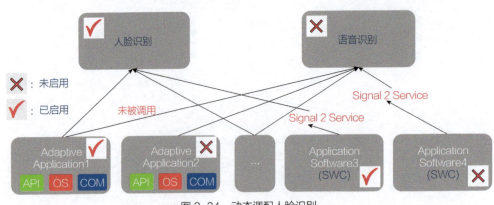

图 2-34　动态调配人脸识别

<h1 style="text-align:center">复 习 题</h1>

一、填空题

1. 汽车电子电气架构（E/E）从 _____、_____、_____发展到 _____。

2. 博世、大陆等传统 Tier1 将汽车 E/E 架构按功能划分为 _____（安全）、_____（车辆运动）、_____（座舱域）、_____（辅助驾驶）和 _____（车身电子）五大区域。

3. 生产厂家有 Tier1、芯片商、整车厂，他们进行方案的整合并研发，通过中央域控制器，集 _____、_____、_____、_____、_____为一体，最后通过整车厂实现规范统一。

4. 智能网联汽车在减少 _____、_____、_____ 等方面具有极其重要的作用，_____ 系统又是智能网联汽车的核心。

5. 进入汽车智能化时代后，座舱电子也在快速变化，_____、仪表、Infotainment（_____）、T-Box（_____）、_____、360°全景、_____ 系统等不再是一个个孤岛，而是互相联系为一个整体。

6. 进入 L3 时代，驾驶员行为监测可能成为必备的功能，_____、_____、_____ 等将引入 _____ 和 _____ 算法。而 L4 时代则必备 _____（Vehicle to everything），座舱电子的复杂程度和运算资源需求量暴增。

二、选择题

1. 当前汽车电子电气架构的重点发展方向是（　　　　）。

　　A. 分布式电子电气架构

　　B. 跨域集中化电子电气架构

　　C. 车辆集中化电子电气架构

2. 在传统单片机时代，算力大概只有（　　　　）。

　　A. 10^4GHz　　　　　　B. 1GHz　　　　　　C. 100^4GHz　　　　　　D. 100^4GHz 以上

3. 集中式电子电气架构最重要部分就是域控制器，域控制器的发展大力促进了智能汽车的发展，域控制器的特点主要有（　　　　）。

　　A. 易于软件更换　　　　　　　　　　B. 通信协议的标准化

　　C. 远程可配置化　　　　　　　　　　D. 提高了安全性

4. 不同的域的功能不同，对应的传感器、ECU 也有所不同，车身域的功能组成包括（　　　　）。

　　A. 安全与舒适性　　　　　　　　　　B. 车轮轮胎系统

　　C. 照明控制　　　　　　　　　　　　D. 主动悬架

5. 不同的域的功能不同，对应的传感器、ECU 也有所不同，底盘域的功能组成包括（　　　　）。

　　A. 车辆信息通信　　　　　　　　　　B. 能量回收

　　C. 车辆电源管理　　　　　　　　　　D. 线控制动

6. 不同的域的功能不同，对应的传感器、ECU 也有所不同，智能座舱域的功能组成包括（　　　　）。

　　A. 多传感器融合　　　　　　　　　　B. 定位

　　C. 智能交互　　　　　　　　　　　　D. 情景感知

三、判断题

1. 汽车操作系统作为硬件和软件的结合，成为企业竞争的核心点。国际市场上，目前主要形成了以 WinCE 为主的车载操作系统。　　　　　　　（　　　）

2. 由于国内 Android 应用生态更好，国内自主品牌和造车新势力大多基于 Android 定制汽车操作系统。　　　　　　　　　　　　　　　　　（　　　）

3. 汽车操作系统作为硬件和软件的结合，成为企业竞争的核心点。国际市场上，目前主要以 Linux 为主。　　　　　　　　　　　　　　　　（　　　）

4. 随着技术的进步，AUTOSAR 架构包括传统的 AUTOSAR（CP）架构和升级版的 AUTOSAR（AP）架构。CP 架构主要分为四层：硬件层、基础硬件层（BSW）、运行环境层（RTE）、应用程序层。　　　　　　（　　　）

5. 汽车集成式域控制器架构中，底盘域、车身域、动力域和座舱域都与整车域控制器连接。　　　　　　　　　　　　　　　　　　　　　　（　　　）

6. 域控制器的标准化，通过硬件、中间件、接口、通信协议的标准化、通用化，可以降低生产成本。　　　　　　　　　　　　　　　　　　（　　　）

7. 异构芯片硬件架构中 AI 芯片是重要的组成部分，目前，AI 芯片架构主要有 GPU、FPGA、ASIC 等。　　　　　　　　　　　　　　　　　（　　　）

8. 座舱电子域控制器的软件部分主要是虚拟机，在 ARM v8 架构推出前，主要都是基于软件的虚拟机技术。　　　　　　　　　　　　　　　（　　　）

9. 相较微控制器而言，域控制器多了虚拟硬件环境（hypervisor）与操作系统（OS）以及 SOA 等。　　　　　　　　　　　　　　　　　　　　（　　）

10. CP 方式一般适用于传统 ECU，并且功能在 ECU 开发后比较固定，更新升级方便。　　　　　　　　　　　　　　　　　　　　　　　　　　（　　）

11. AP 方式继承了传统 ECU 相关代码、数据、算法（SWC）等，同时又要实现自动驾驶、车联网以及域控制（COM、OS）等新功能，所以需要将 CP 向上兼容到 AP。　　　　　　　　　　　　　　　　　　　　（　　）

12. 微服务架构就是把原来的一个提供多种服务的应用模块划分为若干个独立的服务模块，原来应用的所有服务功能都由这些服务模块分别实现。（　　）

13. CP 与 AP 混合是目前常用的一种方案。　　　　　　　　　　　　（　　）

项目三
智能网联汽车环境感知技术

▌单元一　传感器基本概念

学习目标

1. 了解传感器的基本概念。
2. 了解车载传感器的特点和分类。

一、传感器的定义

根据 GB/T 7665—2005《传感器通用术语》的定义，传感器是指能感受被测量并按照一定的规律转换成可用输出信号的器件或装置，通常由敏感元件和转换元件组成。敏感元件是指传感器中能直接感受或响应被测量的部分；转换元件是指传感器中能将敏感元件感受或响应的被测量部分转换成适于传输或测量的电信号部分；辅助电源用来给传感器提供必要的工作电能；信号调理转换电路是指把模拟信号转换为用于数据采集、控制过程、执行计算显示读出或其他目的的数字信号电路。传感器的基本结构如图 3-1 所示。

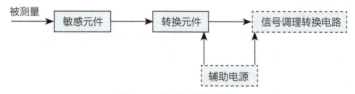

图 3-1　传感器基本结构

传感器是一种检测装置，能感受到被测量的信息，并能将感受到的信息，按一定规律转换成为电信号或其他所需形式的信息输出，以满足信息的传输、处理、存储、显示、记录和控制等要求。车用传感器是汽车计算机系统的输入装置，它把汽车运行中各种工况信息，如车速、各种介质的温度、发动机运转工况等转化成电信号输给计算机，以便汽车处于最佳工作状态。

1）物理量传感器：能够感受规定物理量并转换成可用输出信号的传感器。

2）化学量传感器：能够感受规定化学量并转换成可用输出信号的传感器。

3）生物量传感器：能感受规定生物量并转换成可用输出信号的传感器。

4）数字式传感器：输出信号为数字量或数字编码的传感器。

5）模拟式传感器：输出信号为模拟量的传感器。

6）结构型传感器：利用机械构件（如金属膜片等）的变形检测被测量的传感器。

7）物性型传感器：利用材料的物体特性及其各种物理、化学效用检测被测量的传感器。

8）复合传感器：由多种不同类型的敏感元件或传感器组合而成，具有多种功能的传感器。

9）集成传感器：将敏感元件连同信号处理电路集成在一起的传感器。

10）多功能传感器：能感受两种或两种以上被测量的传感器。

11）智能化传感器：对传感器自身状态具有一定的自诊断、自补偿、自适应以及双向通信功能的传感器。

二、汽车传感器的特点

（1）适应性强，耐恶劣环境

汽车的工作环境恶劣，包括极寒、极热、高海拔等行驶情况，因此，要求汽车传感器具有极强的环境适应性，要能在这些特殊环境下正常工作。另外，汽车传感器还应具有很好的密封性、耐潮湿、抗腐蚀等。

（2）抗干扰能力强

汽车传感器除了能够适应外界恶劣环境之外，也要能够抵抗来自汽车内部的各种干扰。例如安装在发动机上的传感器，其在工作过程中要承受发动机的高温、高压、腐蚀等多种因素，同时还要抵抗各种频率的振动，在工作过程中还需抵抗其他电磁波干扰、高压脉冲等因素，因此要求汽车传感器必须具有较强的抗干扰能力。

（3）稳定性和可靠性高

汽车传感器特性对汽车电子控制系统有非常大的影响，汽车的设计使用寿命一般在10年以上，汽车传感器必须具有高稳定性和高可靠性。

（4）性价比高，适应大批量生产

随着汽车电气化、智能化、网络化、无人化的发展，汽车所用传感器越来越多，可达数百甚至上千个，这就要求汽车传感器必须具有较高的性价比，否则难以大批量推广使用。

三、汽车传感器的分类

车用传感器是汽车计算机系统的输入装置，它把汽车运行中各种工况信息，如车速、各种介质的温度、发动机运转工况等，转化成电信号输给计算机，以便发动机处于最佳工作状态。汽车技术不断发展的特征之一就是越来越多的部件采用电子控制。根据传感器的作用，汽车传感器按测量对象可以分为温度传感器、压力传感器、流量传感器、气体浓度传感器、位置传感器、转速传感器、加速度传感器、距离传感器等。

1）温度传感器。温度传感器主要用于检测发动机温度、吸入气体温度、冷却液温度、燃油温度、环境温度等。

2）压力传感器。压力传感器主要用于检测气缸负压、大气压、涡轮发动机升压比、气缸内压、油压等。

3）流量传感器。流量传感器主要用于检测发动机空气流量和燃料流量等。

4）气体浓度传感器。气体浓度传感器主要用于检测车辆内气体和废气排放等。

5）位置传感器。位置传感器主要用于检测曲轴转角、节气门开度、制动踏板位置、车辆位置等。

6）转速传感器。转速传感器主要用于检测发动机转速、车轮转速和行驶车速等。

7）加速度传感器。加速度传感器主要用于测量纵向加速度、横向加速度和垂直加速度等。

8）距离传感器。距离传感器主要用于测量汽车行驶的距离以及汽车至障碍物之间的距离等。

▎单元二　超声波传感器结构原理与应用

学习目标

1. 了解超声波传感器结构与工作原理。
2. 掌握超声波传感器安装与调试方法。

超声波传感器结构原理与应用

一、超声波传感器结构原理

1. 基本概念

在车载传感器中，超声波传感器是最常见的传感器之一，在短距离测量场景有着非常大的优势，大家所熟悉的倒车雷达系统应用的就是超声波传感器。

声音是一种波动，它是机械振动在媒质中的传播。我们平时听到的声音就是由物体振动产生的，正在发声的物体叫作声源。声源产生的振动在空气或其他物质中的传播叫作声波，声波传播的空间称为声场。振动的物体使其周围的空气交替地发生压缩和膨胀，这种变化由近及远，并以一定的速度传播出去，这种振动能量的传递就是声波传播的本质。声波是声音的传播形式，也是能量在介质中的传递，常用参数主要有频率、周期、振幅、速度等。

物体在 1s 内振动的次数叫作频率，单位是赫兹（Hz）。人耳朵可以听到的声波频率在 20Hz~2kHz 之间。人们通常把频率超过耳朵听力的声音称为超声波，把频率低于耳朵听力的声音称为次声波。

声波每振动 1 次所用的时间就是声波的周期。物体完成 1 次全振动经过的时间为 1 个周期，用 T 表示，其单位为秒（s）。周期是表示质点振动快慢的物理量，周期越长，振动越慢。

振幅是指振动的物理量可能达到的最大值，通常以 A 表示。它是表示振动范围和强度的物理量。在机械振动中，振幅是物体振动时离开平衡位置最大位移的绝对值，振幅在数值上等于最大位移距离的大小，常用 m 或 cm 作为单位。振幅描述了物体振动幅度的大小和振动的强弱，如图 3-2 所示。

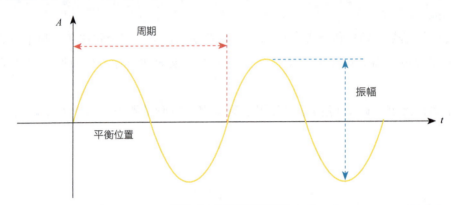

图 3-2　声波周期与振幅

常温下声波在空气中的传播速度约为 340m/s，在不同的介质中，声音的传播速度也不同。声波的传播速度 c（m/s）依赖于弹性介质的物理特性，通常是 $c_{固体} > c_{液体} > c_{气体}$。我们在日常生活中见到远处的雷电，通常是先看到闪电然后再听到轰鸣声，这是由于光的传播速度比声音快。

2. 结构原理

超声波传感器是将超声波信号转换成其他能量信号（通常是电信号）的传感器，广泛应用在工业、国防、生物医学等领域。利用超声波技术作为检测方法时，系统必须要具备产生超声波和接收超声波的功能，完成这种功能的装置就是超声波传感器，也叫作超声波探头。

（1）基本结构

超声波传感器的主要材料是压电晶片，也叫作压电陶瓷，如图 3-3 所示。压电材料是指具有压电效应，能够实现电能与机械能相互转换的晶体材料。该种材料在受到压力作用时会在两端面间出现电压，进而表现出压电效应。

压电晶片构成的超声波传感器是一种可逆传感器，它可以将电能转变成机械振荡，从而产生超声波；同时，当它接收到超声波时，也能将其转变成电能，所以超声波传感器主

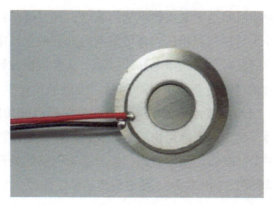

图 3-3　压电晶片

要包括发送器、接收器两部分，除此之外，超声波传感器还有控制单元和供电单元。

利用压电晶体的压电效应可制成压电超声波传感器，其中压电晶体的一个极面与膜片相连接，如图 3-4 所示。当声压作用在膜片上使其振动时，膜片带动压电晶体产生机械振动，从而产生随声压大小变化而变化的电压，完成声电的转换。

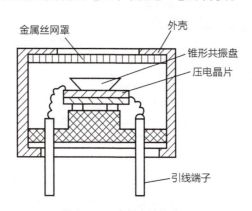

图 3-4　压电超声波传感器

（2）工作原理

超声波测距原理是利用超声波的发射和接收，根据超声波传播的时间来计算出传播距离，如图 3-5 所示。超声波测距是通过探测超声波脉冲回波来实现的，设超声波在空气中的传播速度为 c，超声波脉冲由传感器发出到接收所经历的时间为 t，则从传感器到目标物体的距离 D 可用 $D=ct/2$ 求出。

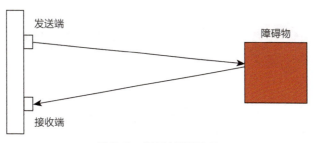

图 3-5　超声波测距原理

当前汽车上较为常用的是压电式超声波传感器，其关键部件是配有塑料或金属外壳的压电晶片，用两根导线与控制器相连。在传感器内部有两个压电晶片和一个共振板，当共振板接收到超声波的回波时，引起压电晶片振动，其将机械波转换成电信号。控制器通过振荡电路向压电晶片输送一定频率的脉冲信号，压电晶片产生共振，并带动共振板振动，于是便产生超声波。当超声波传感器向某一方向发射超声波的同时，计数电路开始计时，超声波在空气中传播，途中遇到障碍物后立即反射回来，超声波接收器接收到反射波后立即停止计时。系统根据计时器记录的时间，经过逻辑电路的处理运算，就能够计算出超声波传感器发射点与障碍物之间的距离。超声波传感器工作原理如图 3-6 所示。

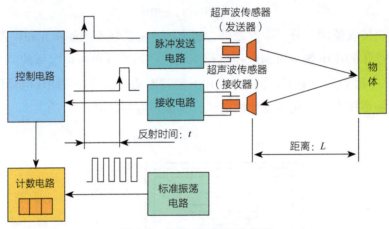

图 3-6　超声波传感器工作原理

二、超声波传感器应用

超声波传感器在车上的主要应用就是倒车雷达系统，倒车雷达套件如图 3-7 所示。倒车雷达可协助驾驶员停车，当退出倒档或车速超过某数值时（约 5km/h），系统有可能会

图 3-7　倒车雷达套件

停止工作。汽车倒车雷达是针对车辆当前的道路、街区、停车场、车库等行驶环境，外加存在的视觉盲区，无法看见车后的障碍物，使得驾驶员在倒车时很容易发生刮蹭甚至严重的交通事故，从而研发的一种汽车防撞系统。该系统能够在较低速度进行倒车的过程中，自动识别出车辆后方的障碍物，还能测量车与障碍物之间的距离，在车辆与障碍物发生碰撞之前发出声光报警信号，提醒驾驶员及时停车。

倒车雷达采用超声波测距原理，利用安装在前、后保险杠上的探头，探测周围环境，检测车辆与障碍物的距离，进而改变报警界面上的显示信息和报警声提醒驾驶员注意。当车辆挂进倒车档时，倒车雷达自动进入工作状态，在控制器的控制下，由安装在保险杠上的探头发送超声波，遇到障碍物产生回波信号，传感器接收到回波信号后，经控制器进行数据处理，计算出车体与障碍物之间的距离，并根据感应出来的与障碍物之间的距离发出警告。

倒车雷达系统探测距离的误差约有 ±5cm，不同品牌的倒车雷达产品误差值略有差异。通常将倒车雷达的探测区域分为以下五部分。

1）A（0~20cm）：不定状态区域，由倒车雷达探头工作原理决定，在测试过程中可以不进行测试。

2）S（20~35cm）：急停区域，当障碍物出现在该区域内时必须停车，报警声长鸣。

3）B（35~60cm）：急停区域，当障碍物出现在该区域内时须准备停车，报警声频率约为4Hz。

4）C（60~90cm）：缓行区域，该区域内车辆应减速慢行，车速应控制在5km/h以内，报警声频率约为2Hz。

5）D（90~150cm）：预警区域，表示障碍物已经进入倒车雷达监测范围，车速应控制在5km/h以内，报警声频率约为1Hz。

进行倒车雷达测试时，探测标准障碍物为水平范围 ϕ75mm、高1000mm的PVC管；滚地试验时，采用 ϕ50mm、长500mm的PVC管。倒车雷达测试区域在A至D段的区间范围内，如图3-8所示。

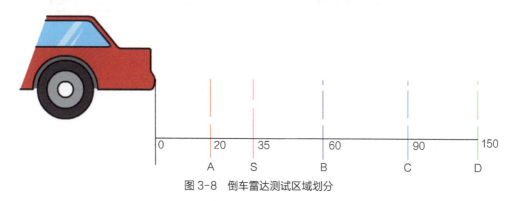

图3-8　倒车雷达测试区域划分

倒车雷达性能测试网格宽度至少要超出安装倒车雷达的整车两侧的车宽各0.2m，测试网格数值单位为m，如图3-9所示。

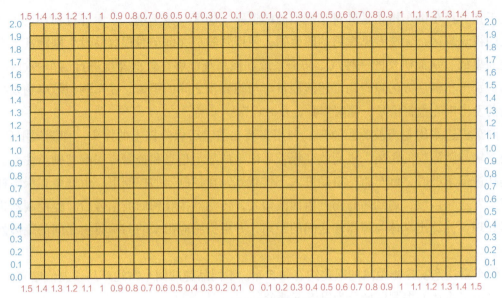

图 3-9　倒车雷达性能测试网格

三、实训操作

实训项目名称：超声波传感器安装调试。

1. 实训目标

1）能够按照要求安装超声波传感器。

2）能够识读超声波传感器连接电路图。

3）能够完成超声波传感器的调试。

2. 实训物品准备（表 3-1）

表 3-1　实训物品准备

序号	工具 / 设备 / 耗材名称	使用数量	备注
1	超声波传感器		
2	超声波安装调试实训台		
3	维修工具套件		

3. 实训注意事项

1）检查实训场地是否整洁，有无安全隐患。

2）检查实训设备是否完整、工作是否正常。

3）检查实训工具和仪器是否完整、功能是否正常。

4）规范操作，禁止随意启动设备。

5）完成实训项目后切断电源，整理工具设备，清洁作业场地卫生。

4. 超声波传感器安装调试实训操作记录

1）安装超声波传感器并写出安装步骤：

2）绘制超声波传感器连接电路图：

3）在测试软件上设置超声波传感器调试参数：

4）调试结果分析：

单元三　毫米波雷达结构原理与应用

学习目标

1. 了解毫米波雷达结构与工作原理。
2. 掌握毫米波雷达安装与调试方法。

毫米波雷达结构
原理与应用

一、毫米波雷达结构原理

1. 基本概念

（1）电磁波

根据麦克斯韦的电磁场理论，变化的电场产生变化的磁场，而变化的磁场又产生变化的电场。因此，变化的电场和变化的磁场彼此不是孤立存在的，它们之间相互激发、相互依赖、交替产生，组成一个统一的电磁场整体，并以一定的速度由近及远地在空间传播，这样就产生了电磁波。

　　电磁波的种类有很多，无线电波、红外线、可见光、紫外线、X 射线、γ 射线都是电磁波，这些不同的电磁波，区别只在于波长不同而已，如图 3-10 所示。

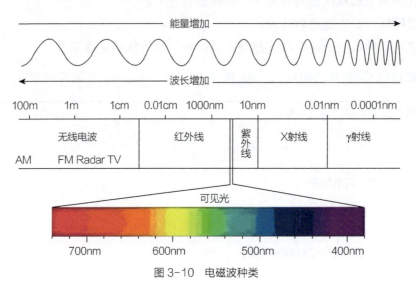

图 3-10　电磁波种类

　　在它们当中，以无线电波的波长最长，依次下来，波长逐渐变短。在一根导线中通入交变电流，这个导线周围就会产生一个环形磁场，而变化的磁场又马上产生了一个与环形磁场垂直的环形电场，如此一环套一环地循环，每相邻两个环之间都是彼此垂直的关系。将磁场的振荡方向设定为 x 轴，电场的振荡方向便是与 x 轴垂直的 y 轴，而电磁波的行进方向便是 z 轴，如此一来，便确立了一个关于电磁波的三维坐标系，如图 3-11 所示。

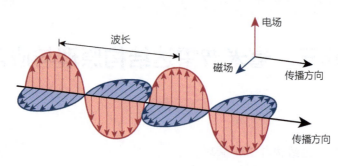

图 3-11　电磁波三维坐标系

　　电磁波不需要依靠介质传送，各种电磁波在真空中的传输速度是固定的，速度为光速。在电磁波的每一个波长期间，表示电场的箭头上下振荡一次，或者说是振荡一个周期。当电磁波传播到一根金属导线附近时，此时，金属导线内的电子将受到一个同电磁波中的电场大小和方向一致的作用力，从而在导线中产生电流。在电磁波通过期间，电磁波中的电场振荡将在导线中产生大小和方向同样的振荡电流。也就是说，电磁波携带着能量，能够将它的能量传递给电子变成电子的动能。可利用电磁波远距离传送声音、文字、图像等信息。

电磁波在传播中携带有能量，可以作为信息载体，这就为无线通信、广播、电视、遥感等技术提供了基础。电磁波在通过不同的介质时，也会发生折射、反射、绕射、散射和吸收等现象。电磁波的波长越长，频率越低，绕射能力越强，穿透能力越强，信号损失衰减越小，传输距离越远，能够实现信号的广域覆盖。电磁波的波长越短，频率越高，直射能力越强，贯穿能力越强，信号损失衰减越大，传输距离越短，可实现信号的局域覆盖。由于微波频率很高，在不大的相对带宽下，其可用的频带很宽，这意味着微波的信息容量大，所以现代多路通信系统包括卫星通信系统，几乎都是工作在微波波段。另外，微波信号还可以提供相位信息、极化信息、多普勒频率信息，这在目标检测与遥感目标特征分析等应用中十分重要。

（2）雷达

根据 GB/T 3784—2009 的定义，雷达是指利用电磁波发现目标并获取目标位置等信息的装置。

毫米波雷达是指工作频段在 30~300GHz，波长为 1~10mm 的雷达。毫米波雷达是一种测量物体距离、速度、方位的高精度传感器，早期被应用于军事领域。随着雷达技术的发展与进步，它开始应用于汽车电子、无人驾驶、智能交通等多个领域。毫米波雷达具有探测距离远、响应速度快、适应能力强等特点，其探测距离可达 250m 以上，并且调制简单，配合高速信号处理系统，可以快速地测量出目标的距离、速度、角度等信息。毫米波雷达与其他雷达相比，穿透能力比较强，在雨、雪、大雾等极端天气下也能进行工作，同时不会受颜色、温度、光照度等因素的影响，具有全天候的特点。毫米波具有波束的特征，发射出去的电磁波是一个锥状波束，而不像激光是一条线。这是因为毫米波波段的天线主要以电磁辐射的方式发出信号，而不是光粒子发射。雷达和超声波都是波束发射的方式，因为反射面大，所以工作可靠，缺点就是分辨率不高。

毫米波雷达按采用的毫米波频段不同，主要分为 24GHz、60GHz、77GHz 和 79GHz 四个频段，主流采用的频段为 24GHz 和 77GHz，79GHz 有可能是未来的发展趋势。毫米波雷达按探测距离可分为近距离（SRR，小于 60m）、中距离（MRR，100m 左右）和远距离（LRR，大于 200m）三种；按工作方式可分为脉冲式和调频式两类。脉冲雷达发射的是矩形脉冲连续波信号，主要用来测量目标的速度。如需要同时测量目标的距离，则需对雷达发射信号进行调制，例如对连续波的正弦波信号进行周期性的频率调制。目前大多数车载毫米波雷达都为调频式。毫米波雷达常用技术指标见表 3-2。

表 3-2 毫米波雷达常用技术指标

参数	近距离毫米波雷达	中距离毫米波雷达	远距离毫米波雷达
频率 /GHz	24	76~77	77~81
测距范围 /m	0.15~60	1~100	10~250

（续）

参数	近距离毫米波雷达	中距离毫米波雷达	远距离毫米波雷达
最大视角 /（°）	±80	±40	±15
测距精度 /m	±0.02	±0.1	±0.1
方位精度 /（°）	±1	±0.5	±0.1
测速精度 /（m/s）	0.1	0.1	0.1

　　车载探测雷达作为辅助驾驶系统的核心传感器，主要用来检测距离、速度等信息。其中，远距离雷达（LRR）用来实现车辆的自动巡航（ACC）功能；中距离雷达（MRR）用来实现车辆的侧向来车报警和车辆变道辅助功能；近距离雷达（SRR）则用来实现车辆的停车辅助、障碍和行人检测功能。

　　毫米波雷达作为智能网联汽车环境感知传感器中的重要一员，车载应用的历史比较久远。车辆为实现 ADAS 各项功能，通常需要"1 长 +4 中短"的组合方案。目前众多车企已在其中高端车型上配置了毫米波雷达。随着无人驾驶技术的进一步推广和应用，毫米波雷达的应用也会越来越广泛。

2. 结构原理

（1）基本结构

　　毫米波雷达主要由信号发射器、信号接收器、信号处理器以及天线阵列等部件组成，如图 3-12 所示。

　　1）信号发射器。毫米波雷达的信号发射器用于产生射频电信号。

　　2）信号接收器。毫米波雷达的信号接收器将接收到的射频信号转换成低频电信号。

　　3）信号处理器。毫米波雷达的信号处理器负责从接收到的信号中提取出距离、角度、速度等信息。

　　4）天线阵列。在车载雷达中比较常见的是平面天线阵列雷达，相比其他大型雷达的天线，平面天线阵列雷达没有旋转的机械部件，从而能实现更小的体积和更低的成本。毫米波雷达天线集成在 PCB 基板上实现天线的功能，能在较小的集成空间中保持天线足够的信号强度。平面天线阵列是由多个天线组成的，如图 3-13 所示，图中从左至右分别是 10 条发射天线 TX1，然后是 2 条发射天线 TX2，最后是 4 条接收天线 RX1~RX4。

图 3-12　毫米波雷达结构　　　　　　　　　图 3-13　平面天线阵列

毫米波雷达的天线包括发射天线和接收天线两部分，两组发射天线分别负责探测近处和远处的目标，其覆盖范围如图 3-14 所示。TX1 为横向距离探测天线，TX2 为纵向距离探测天线。由于近处的视角比较大，约为 90°，所以需要较多的天线；而远处的视角小，约为 20°，所以两根天线就够了。雷达通过天线发射和接收电磁波，所发射的电磁波不是各个方向均匀的球面波，而是具有指向性的波束，且在各方向上具有不同的强度。

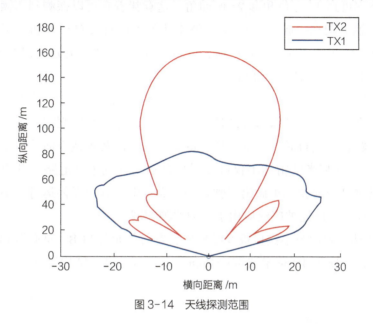

图 3-14　天线探测范围

（2）工作原理

毫米波雷达的工作过程是通过天线向外发射毫米波，接收机接收目标反射信号，经信号处理器处理后快速准确地获取汽车周围的环境信息，如车辆与其他物体之间的相对距离、相对速度、角度、行驶方向等；然后根据所探知的物体信息进行目标追踪和识别，融合车身动态信息，通过中央处理单元进行处理；经运算决策后，通过报警装置以声、光及触觉等多种方式告知驾驶员，或通过控制执行装置及时对车辆做出主动干预，从而保证车辆行驶的安全性和舒适性，以减少事故发生。其工作过程如图 3-15 所示。

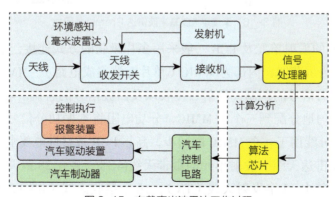

图 3-15　车载毫米波雷达工作过程

二、4D 毫米波雷达的结构原理

4D 毫米波雷达在 3D 毫米波雷达原有测量距离、方位、速度的基础上增加了对目标的高度数据解析，实现"3D+ 高度"四个维度的信息感知。同时，它还具备超高的分辨率，可以有效解析目标的轮廓、类别、行为，类似于激光雷达的高密度点云输出。前置 4D 毫米波雷达角分辨率可达 1° 方位角和 2° 俯仰角。这意味着它可以探测到车辆周边物体的轮廓，如行人与车辆夹杂在一起时，4D 毫米波雷达就可以直接对行人和车辆进行识别，并可以判断对应物体的运动情况（是否运动、运动方向）。此外，它还可以探测到几何形状，比如在隧道场景中时，可以探测到隧道的长度和宽度。

4D 毫米波雷达的核心功能包括测距、测速、测角、测高。其中，高分辨距离和高分辨角度是其核心。高分辨距离可以通过高带宽解决，而高分辨角度则需要增加天线孔径，采用合理的芯片级联、天线布局、波形设计、链路预算，以及到达方向（DOA）超分辨算法统筹实现。因此，4D 毫米波雷达不仅可以提高自动驾驶汽车对道路信息的探测精度，获取更多的信息以供自动驾驶汽车做出行驶预判，而且由于其全天候运行、小型化、低成本和高测速能力等优势，已经被广泛应用于自动驾驶领域。

4D 毫米波雷达一般由数字接口板及结构件、发射单元及 PCB、屏蔽罩和雷达天线罩四部分组成，本书以采埃孚 4D 毫米波雷达 Premium 为例，进行结构讲解，其组成如图 3-16 所示。

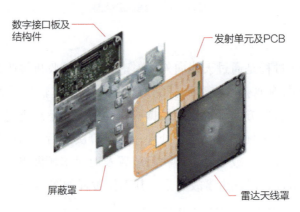

图 3-16　采埃孚 4D 毫米波雷达 Premium 组成

4D 毫米波雷达的发射单元及 PCB 一般采用多片级联的方式连接，结构详解如图 3-17 所示。外部银色的为屏蔽罩，内部为 MMIC（单片微波集成电路）。MMIC 是雷达关键零部件，能完成雷达发射信号的调制、发射、接收以及回波信号的解调。4 个 MMIC 存在主从关系，功率需要均匀地分配到三个子 MMIC，分功电阻将本振功分信号进行均匀分配。覆铜打孔处的本振功分线用于 4 个 MMIC 的同步，高频 PCB 板材性能要求高于普通 PCB，主要用于蚀刻毫米波雷达天线。发射单元的微带天线阵列一共有 28 根天线，分为发射天线和接收天线两类，其中 12 个发射天线（TX），16 个接收天线（RX），通过 MIMO（多进多出）技术增加虚拟孔径，形成 192 个虚拟通道。

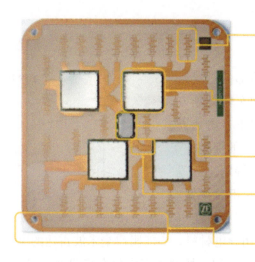

微带天线阵列：这一面上一共有天线28根，分为发射天线和接收天线两类，其中12个发射天线（TX），16个接收天线（RX），通过MIMO技术增加虚拟孔径，形成192个虚拟通道

单片微波集成电路（MMIC）：一共有4个MMIC，采用多片级联的方式连接。外部银色的为屏蔽罩，内部为MMIC。MMIC是雷达关键零部件，负责毫米波信号的调制、发射、接收以及回波信号的解调

分功电阻：4个MMIC存在主从关系，功率需要均匀地分配到三个子MMIC，分功电阻将本振功分信号进行均匀分配

本振功分线：覆铜打孔处，用于4个MMIC的同步

高频PCB板材：用于蚀刻毫米波雷达天线。性能要求高于普通PCB

图 3-17　4D 毫米波雷达发射单元及 PCB 的组成

发射单元的反面具有插接器、电源管理电路（PMIC）、处理器、模数转换器（ADC）和 DDR3 存储单元。

数字接口板及结构件由 CAN FD 接口、散热翅片、以太网接口和数字接口板组成。传统毫米波雷达数据量较小，以 20Hz 频率估计，数据量约为数十 kbit/s，CAN FD 最高支持 5Mbit/s，足以支持其数据传输需求，其结构详解如图 3-18 所示。

- CAN FD接口：传统毫米波雷达数据量较小，以20Hz频率估计，数据量约为数十kbit/s，CAN FD最高支持5Mbit/s，足以支持其数据传输需求

- 散热翅片：4D毫米波雷达较大的功率使得其拥有较大的发热量，结构件背面的散热翅片帮助散热，降低其工作温度

- 以太网接口：4D毫米波雷达点云数量大幅提升，达到数百甚至上千点云量，以太网的高数据传输速率得以支持其传输需求

- 数字接口板：此电路板负责雷达与整车域控信号及电源进行适配及转接

图 3-18　数字接口板及结构件组成

4D 毫米波雷达较大的功率（25W 左右）使得其拥有较大的发热量，结构件背面的散热翅片帮助散热，降低其工作温度。4D 毫米波雷达点云数量相较于 3D 毫米波雷达大幅提升，达到数百甚至上千点云量，以太网的高数据传输速率得以支持其传输需求。数字接口板负责雷达与整车域控信号及电源进行适配及转接。

三、毫米波雷达安装与调试

1. 毫米波雷达安装

车载毫米波雷达通常安装在车辆前部的进气格栅或前后保险杠位置。雷达天线罩指向车辆行驶方向，线束插接件朝向下方。在理想情况下，雷达天线罩前方不要有额外的覆盖件或经过喷涂的保险杠。如果雷达必须安装于覆盖件后面，需要特别注意覆盖件的材料、形状、涂料以及与雷达的相对位置。覆盖件表面的水滴、水膜和积雪等杂物都有可能引起信号衰减或功能受限。覆盖件不应使用导电材料，不能阻碍毫米波雷达的电磁波发射。

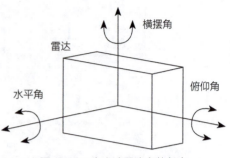

图 3-19　毫米波雷达安装角度

原车的毫米波雷达会设有专用的安装支架，按照规定力矩安装即可。如果是后加装的毫米波雷达，则需要注意调整安装角度，如图 3-19 所示。在标定毫米波雷达的安装角度时，通常使用双轴数显水平仪。

（1）近距离毫米波雷达安装

近距离毫米波雷达的探测距离通常小于 60m，一般安装在车辆侧前方、侧后方，如图 3-20 所示。它主要用于车辆的侧方探测、预警、变道辅助等功能。

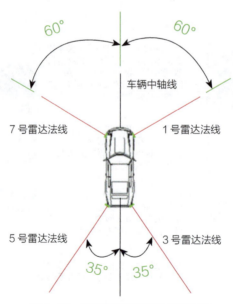

图 3-20　近距离毫米波雷达安装角度

（2）中、远距离毫米波雷达安装

中、远距离毫米波雷达主要用于自适应巡航系统（ACC）、自动紧急制动系统（AEB）、前碰撞预警系统（FCW）以及无人驾驶的前向探测。主流的安装位置都是在车辆的正前方，如图 3-21 所示。

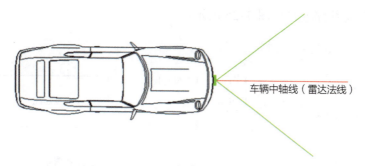

图 3-21　中、远距离毫米波雷达安装角度

（3）安装高度调试

推荐的毫米波雷达安装高度，在车辆满载时 $h \geq 500\text{mm}$，车辆空载时 $h \leq 1000\text{mm}$，如图 3-22 所示。

图 3-22　毫米波雷达安装高度

（4）毫米波雷达装配

1）在选购的毫米波雷达套件里面带有安装附件，如图 3-23 所示。

图 3-23　毫米波雷达附件

2）毫米波雷达插接件端子及定义，如图 3-24 所示。

雷达端口插头 8 管脚定义	管脚	符号	颜色	功能
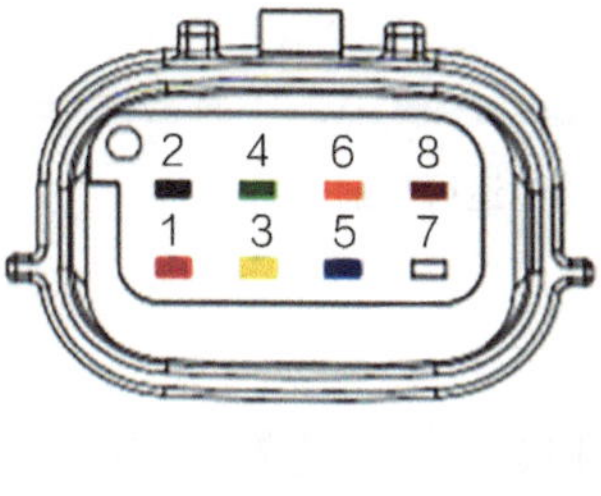	1	VBAT	红	9~36V 直流电源
	2	GND	黑	地
	3	CAN0 L	黄	保留
	4	CAN0 H	绿	
	5	CAN1 L	蓝	雷达数据接口
	6	CAN1 H	橙	
	7	HSD OUT1	白	高边驱动输出口 1
	8	HSD OUT2	褐	高边驱动输出口 2

图 3-24　毫米波雷达插接件端子及定义

3）毫米波雷达线路连接如图 3-25 所示。

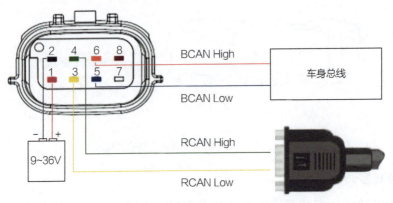

图 3-25　毫米波雷达线路连接

2. 毫米波雷达测试

目前针对毫米波雷达的测试主要包括功能测试、关键性能测试以及使用性能测试。功能测试主要通过障碍物模拟一个或多个距离、速度、角度的汽车、非机动车辆及行人等，然后对雷达距离范围、距离精度、速度范围、速度精度、角度范围、角度精度等进行测试，得到雷达的功能测试结果。性能测试则是对雷达发射器、接收器等部件本身性能的测试，包含发射信号频率、信号功率、发射功率、相位噪声、调频线性度等性能指标。使用性能测试是在试验场通过实际 ADAS 场景搭建进行最后的使用性确认。

1）打开毫米波雷达测试软件，如图 3-26 所示。

2）选择 CAN 接口，然后启动测试程序即可显示毫米波雷达的运行数据，如图 3-27 所示。

图 3-26　毫米波雷达测试软件图标

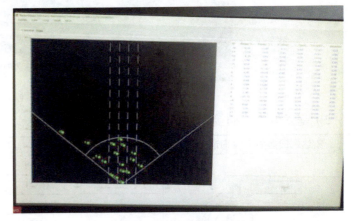

图 3-27　毫米波雷达运行数据

3. 毫米波雷达实车应用

毫米波雷达是 ADAS 环境感知系统的关键部件，在智能网联汽车高速发展的背景下，车载毫米波雷达将为自动驾驶技术的实现发挥重要作用，应用前景及市场空间都将非常广阔。毫米波雷达广泛应用于智能网联汽车的自适应巡航系统、前车防撞预警系统、自动制动辅助系统、盲区监测系统、自动泊车辅助系统、变道辅助系统、后碰撞预警系统、行人监测系统、驻车开门辅助系统等先进驾驶辅助系统中。毫米波雷达在车辆上的应用与安装见表 3-3。

表 3-3　毫米波雷达在车辆上的应用与安装

毫米波雷达类型		近距离雷达（SRR）	中距离雷达（MRR）	远距离雷达（LRR）
工作频段 /GHz		24	77	77
探测距离 /m		<60	100 左右	>200
功能	自适应巡航		前方	前方
	前碰撞预警		前方	前方
	自动制动系统		前方	前方
	盲区监测系统	侧方	侧方	
	自动泊车系统	前方 / 后方	侧方	
	变道辅助系统	后方	后方	
	后碰撞预警系统	后方	后方	
	行人监测系统	前方	前方	
	驻车开门辅助	侧方		

四、毫米波雷达的应用仿真

PanoSim 内置毫米波雷达模型 Radar，该模型支持在其可探测视场角（FoV）范围内，输出被探测到目标的 ID、目标类型、目标水平方位角、目标垂直高度角、目标多普勒速度、目标径向距离、目标 RCS 值等。

五、实训操作

实训项目名称：毫米波雷达安装调试。

1. 实训目标

1）能够正确使用双轴数显水平仪。

2）能够按照要求安装毫米波雷达。

3）能够识读毫米波雷达安装电路图。

4）能够完成毫米波雷达的调试。

2. 实训物品准备（表 3-4）

表 3-4　实训物品准备

序号	工具 / 设备 / 耗材名称	使用数量	备注
1	毫米波雷达		
2	毫米波雷达安装调试实训台		
3	维修工具套件		
4	双轴数显水平仪		

3. 实训注意事项

1）检查实训场地是否整洁，有无安全隐患。

2）检查实训设备是否完整、工作是否正常。

3）检查实训工具和仪器是否完整、功能是否正常。

4）规范操作，禁止随意启动设备。

5）完成实训项目后切断电源，整理工具设备，清洁作业场地卫生。

4. 毫米波雷达安装调试实训操作记录

1）安装毫米波雷达：
　　①毫米波雷达安装高度：
　　②毫米波雷达水平角：
　　③毫米波雷达俯仰角：
　　④毫米波雷达横摆角：

2）绘制毫米波雷达连接电路图：

3）在测试软件上设置毫米波雷达调试参数：

4）调试结果分析：

单元四 激光雷达结构原理与应用

学习目标

1. 了解激光雷达结构与工作原理。
2. 掌握激光雷达安装与调试方法。

激光雷达结构
原理与应用

一、激光雷达结构原理

1. 基本概念

激光（Laser）这个名称的意思是受激辐射光放大，是一个光放大的过程。激光属于电磁波的一种，是电磁场的一种运动形态。激光发出具有高方向性的光束，组成的光波在一条直线上传播，不会扩散。激光束内的光波都是相同颜色的，此性质叫单色性。普通光源发出的光波会朝各个方向扩散，一般来说是几种颜色的光混合后表现为白色。

激光雷达是一种向被测目标发射探测信号（激光束），然后测量反射或散射信号的到达时间、强弱程度等参数，以此确定目标的距离、方位、运动状态及表面光学特性的雷达系统。激光雷达具有角分辨率和距离分辨率高、抗干扰能力强、能获得目标多种图像信息等优点。

2. 分类

（1）按功能分类

1）激光测距雷达。激光测距雷达对被测物体发射激光光束并接收反射波，通过记录该时间差来确定被测物体与测试点的距离。

2）激光测速雷达。激光测速雷达对运动物体速度进行测量，通过对被测物体发射两次激光脉冲信号进行测距，从而得到该被测物体的移动速度。

3）激光成像雷达。激光成像雷达是激光技术、雷达技术、光学扫描与控制技术、高灵敏度探测技术以及高速计算机处理技术的综合产物，具有较高的角度分辨率和距离分辨率，可以形成高分辨率的三维图像。

4）大气探测激光雷达。大气探测激光雷达用于探测大气中分子与烟雾的密度、温度、风速、风向及水蒸气浓度，对大气环境进行监测，对暴风雨、沙尘暴等灾害性天气进行预报，如图3-28所示。

图3-28　大气探测激光雷达

5）跟踪雷达。跟踪雷达可以连续跟踪一个目标，并测量出该目标的坐标，提供目标的运动轨迹。

（2）按工作介质分类

1）固体激光雷达。固体激光雷达是指没有运动部件的激光雷达，也叫作固态激光雷达，如图3-29所示。它具有结构简单、尺寸小、寿命高、成本低等优点。

2）气体激光雷达。气体激光雷达以CO_2激光雷达为代表。激光脉冲在大气层中行进，一方面被气溶胶散射，另一方面被大气物质吸收，气体激光雷达所提取的信息正是表现为CO_2气体对激光脉冲能量的吸收。在这种系统中，既利用了气溶胶散射形成的回波，又利用了气体吸收而获得的CO_2信息，其吸收信号的强弱反映了CO_2

图3-29　固体激光雷达

浓度的大小。气体激光雷达工作在红外波段，大气传输衰减小，探测距离远，已经在大气风场和环境监测方面发挥了很大作用。

3）半导体激光雷达。半导体激光器又称激光二极管，是用半导体材料作为工作物质的激光器。常用工作物质有砷化镓、硫化镉、磷化铟等。半导体激光雷达能以高重复频率方式连续工作，具有寿命长、体积小、成本低和对人眼伤害小的优点。

（3）按线数分类

1）单线激光雷达。激光雷达的基本构成是发射器和接收器。单线激光雷达只有一个激光发射器和一个激光接收器，经过电机的旋转投射到前面是一条直线，如图3-30所示。单线激光雷达的好处是数据量少、效率高、稳定性好、技术成熟，但是只能平面式扫描，不能测量物体高度，有一定的局限性，主要应用于扫地机器人、酒店服务机器人等。

2）多线激光雷达。多线激光雷达主要应用于雷达成像系统，相比单线激光雷达在维度提升和场景还原上有了质的改变，可以识别物体的高度信息。多线激光雷达可以做到3D成像，能够实现行车环境的高精度建模，如图3-31所示。目前市场上推出的多线激光雷达主要有4线、8线、16线、32线、64线和128线。

图 3-30 单线激光雷达

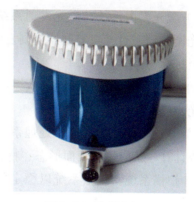

图 3-31 多线激光雷达

（4）按有无旋转部件分类

1）机械式激光雷达。机械式激光雷达指发射和接收系统通过不断旋转发射头，将发出的激光从线变成面，并在竖直方向上排布多束激光，形成多个面，进而达到动态 3D 扫描并连续接收信息的目的。机械式激光雷达作为在自动驾驶车辆上最先应用的激光雷达产品，具有扫描速度快、接收视场大、可承受较高的激光功率等优点；但也具有结构笨重、重量和体积较大、装调工作复杂、价格高等缺点。

2）全固态激光雷达。全固态激光雷达内部没有运动部件，目前市场上主要的全固态激光雷达产品有光学相控阵激光雷达、调频连续波激光雷达、纳米天线阵列激光雷达和泛光面阵式激光雷达。全固态激光雷达耐久性、可靠性最佳，符合自动驾驶对雷达固态化、小型化和低成本化的需求。

3. 结构原理

（1）基本结构

激光雷达主要由激光发射系统、激光接收系统、扫描系统和信息处理系统四部分组成。激光雷达基本结构如图 3-32 所示。

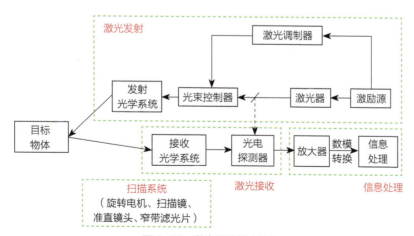

图 3-32 激光雷达基本结构

1）激光发射系统。激光发射系统的激励源周期性地驱动激光器，发射激光脉冲，利用激光调制器通过光束控制器控制发射激光的方向和线数，最后通过发射光学系统将激光发射至目标物体。

2）激光接收系统。激光接收系统经接收光学系统光电探测器接收目标物体反射回来的激光，产生接收信号。

3）信息处理系统。信息处理系统将接收信号经过放大处理和数模转换后，由信息处理模块计算，获取目标表面形态、物理属性等特征，最终建立物体模型。

4）扫描系统。扫描系统以稳定的转速旋转，实现对所在平面的扫描，并产生实时的平面图信息。

（2）工作原理

激光雷达的工作原理与毫米波雷达非常相近，它是以激光作为信号源，由激光器发射出的脉冲激光，打到地面的树木、道路、桥梁和建筑物上，引起散射，一部分光波会反射到激光雷达的接收器上，根据激光测距原理计算，就会得到从激光雷达到目标点的距离。脉冲激光不断地扫描目标物，就可以得到目标物上全部目标点的数据，用此数据进行成像处理后，就可得到精确的三维立体图像。

在激光雷达前端有一个光学发射和光学接收系统，在发射系统后端有 N 组发射模块，在接收系统后端也有 N 组与发射模块对应的接收模块。当激光雷达开始工作时，N 组发射模块和 N 组接收模块在系统电路的精确控制下，按照一定的时间顺序轮流工作，发射和接收激光束。编码器是一种用于运动控制的传感器，它利用光电、电磁、电感等原理，检测物体的机械位置及其变化，并将此信息转换为电信号作为运动控制的反馈，传递给各种运动控制装置。光学旋转编码器属于编码器中较为特殊的一种，它通过光电转换，可将输出轴的角位移、角速度等机械量转换成相应的电脉冲以数字量输出，可以精确地测试电机角位移和旋转位置。旋转电机带动扫描镜按照一定的顺序和速度旋转，将激光器发出的激光束发射出去，然后反射回来的激光束通过光学接收系统进行处理计算，这样就可以形成光学扫描，如图 3-33 所示。

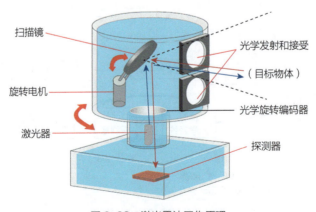

图 3-33　激光雷达工作原理

（3）产品参数

1）发射功率。发射功率是激光雷达方案设计中需要预先确定的一项重要指标。通过分析激光传输时能量转换过程建立激光雷达方程，从系统的探测概率、虚警概率和系统信噪比的关系确定发射功率，通过仿真技术得出在满足系统器件参数和应用背景下所需的发射功率。激光雷达的最大发射功率决定了是否需要进行安全防护。

2）视场角。激光雷达视场角分为水平视场角和垂直视场角。水平视场角是在水平方向上可以观测的角度范围，旋转式激光雷达旋转一周为360°，所以水平视场角为360°。垂直视场角是在垂直方向上可以观测的角度，一般为40°。它并不是对称均匀分布的，因为主要是扫描路面上的障碍物，而不是把激光打向天空，为了更好地利用激光，激光光束会尽量向下偏置一定的角度。而且，为了达到既检测到障碍物，同时又能够把激光束集中到中间重点关注的部分，以更好地检测车辆，激光雷达的光束不是垂直均匀分布的，而是中间密，两边疏。以64线激光雷达的光束为例，如图3-34所示，可以看到激光雷达光束有一定的偏置，向上的角度为15°，向下为25°，且激光光束中间密集，两边稀疏。

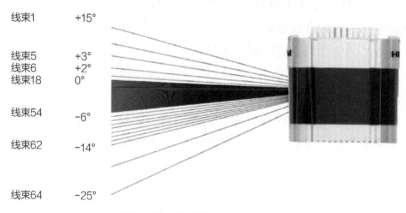

图3-34 激光雷达64线垂直视场角

3）光源波长。激光波长是指激光器的输出波长，是激光器输出激光光束的重要参数，相应的输出频率叫激光频率。激光的波长通常用纳米（nm）来度量，而激光又可以分为可见激光和不可见激光两大类。一般情况下，人眼能够清晰分辨的可见光波长基本在400~700nm之间。激光的波长越短，它的颜色就越蓝越紫，直到人眼看不见的紫外线。激光的波长越长，它的颜色越偏向红色，直到人眼看不见的红外线。激光雷达发出的激光束属于不可见光，通常的波长为905nm左右。

4）测量距离。在激光雷达的转速及点频一定的情况下，测距越远，点密度越稀，精度随之降低。对于车规级的激光雷达，其测量距离通常要达到150m以上。

5）测距精度。在测量过程中，任何一种测量方式的精密程度都只能是相对的，不可能达到绝对精确，总会存在各种原因导致的误差。为使测量结果准确可靠，应尽量减少误差，提高测量精度。目前的车载激光雷达测距精度通常控制在厘米级。

二、激光雷达安装与调试

1. 汽车传感器装配要求

依据 GB/T 28679—2012《汽车零部件再制造　装配》，汽车零部件装配的基本要求如下。

1）零部件的装配环境应符合相应的工艺规定。

2）零部件在装配前应进行清理或清洗。

3）装配现场待装的零部件必须是合格的产品。

4）装配过程中再制造零部件应具有装配记录，该记录保存期限不得低于新品的记录期限。

5）对于必须使用新零部件的，严格按照相关规定执行。

6）应按照规定的工艺要求进行装配。

7）回收拆解件及再制造件的装配精度不得低于新件的装配精度。

8）对于有公差要求的互配零件，可采用选配或补偿的方法进行装配。

9）关键紧固连接件不允许使用回收拆解件或再制造件。

10）再制造零部件内含有标定数据的，装配时应更新为最新标定数据。

11）再制造产品的生产编号应区别于新品。

12）装配过程参数应达到原型产品要求。

13）装配过程应符合再制造产品设计要求。

14）同一零件用多个螺钉或螺栓紧固时，各螺钉（螺栓）需交叉、对称，由中心向四周逐步拧紧。如有定位销，应从靠近定位销的螺钉或螺栓开始。

15）对于原制造企业有拧紧力矩要求的紧固件，应按其规范执行。

16）各零部件装配后的间隙大小应满足相应的工艺规定。

2. 激光雷达安装

激光雷达根据安装位置的不同，可分为两大类。一类安装在车辆的四周，另一类安装在车辆的车顶。不同的车体形状使雷达的安装 x、y 方向和旋转姿态会有差异，最终导致理论相同的定位点，车体却有不同的位置和姿态。

（1）安装注意事项

1）用于固定激光雷达的安装底座建议尽可能平整，不要出现凹凸不平的现象。激光雷达安装底座如图 3-35 所示。

2）安装底座上的定位柱应严格遵循激光雷达底部定位柱的深度，定位柱的高度不能高于 4mm。

3）激光雷达安装时，如果激光雷达上下面都有接触式的安装面，应确保安装面之间的间距大于激光雷达的高度，避免挤压激光雷达。

图 3-35　激光雷达安装底座

4）激光雷达安装时，倾斜角度不建议超过 90°，倾斜角度过大会对激光雷达的寿命造成影响。

5）激光雷达安装走线时不要将线缆拉得太紧，线缆需保持一定的松弛度。

（2）安装步骤

1）首先根据雷达抗振动和冲击能力，确定是否需要减振支架。如果不需要减振支架，可以使用安装耳固定或者雷达上面的螺栓孔固定。

2）避障雷达要求水平朝上倾斜 5° 左右，以解决高反射物体的探测。

3）测量雷达要求安装平面尽可能与地面平行，用于提高定位精度，如果有倾斜角度的话，雷达在不同位置探测出来的轮廓会有较大误差，最终影响定位精度。

4）在激光雷达的布置上，可以选择车头中间位置或者车的 4 个对角点。

（3）位置调整

因为测量激光雷达的水平对于定位精度有较大影响，所以对精度要求较高的场合，必须进行激光雷达的水平调整。在激光雷达安装机构上必须预留水平微调机构，有的雷达厂家会提供可调旋转支架。

3. 激光雷达测试

激光雷达的测试项目有静态物体测试、动态物体测试、抗干扰测试以及复杂环境测试等。下面以当前智能驾驶汽车应用较多的速腾 M1 半固态激光雷达为例进行介绍。

（1）测试软件

RSView 是速腾公司开发的激光雷达显示软件，RSView 提供将 RS-LiDAR-M1 数据进行实时可视化的功能。RSView 也能回放保存为 pcap 文件格式的数据。测试软件如图 3-36 所示。

（2）安装环境

1）Windows x64 系统。

2）计算机性能建议：CPU 为 Intel Core i5 以上；显卡为 NVDIA GeForce GTX750 以上效果最好，否则可能影响软件的显示效果。

图 3-36　激光雷达
测试软件图标

3）解压 RSView 的压缩包，在 /bin 文件夹下得到 RSView.exe 可执行文件。

（3）设置网络

雷达在出厂时设定了发送计算机的 IP 地址，因此默认情况下需要设定计算机的静态 IP 地址为 192.168.1.102，子网掩码为 255.255.255.0。此外还需要确保 RSView 没有被防火墙或第三方安全软件禁止。

（4）数据可视化

1）RS-LiDAR-M1 接通电源，并用网线和计算机连接，连接方法如图 3-37 所示。

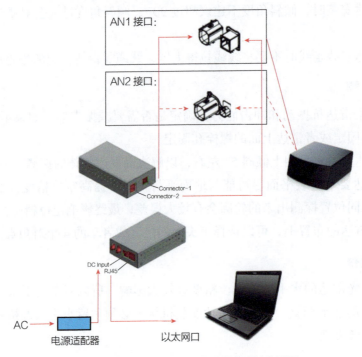

图 3-37　RS-LiDAR-M1 与上位机连接方法图

2）单击右键使用管理员权限打开 RSView 软件。

3）单击 File → Open，并且选择 Sensor Stream。

4）在弹出的 Sensor Configuration 窗口中，Sensor Calibration 默认包含一个命名为 MEMSCorrectionFile_3V 的雷达参数，选择此参数后单击 OK，如图 3-38 所示。RS-LiDAR-M1 原始点云输出的已经是校准过的点云，所以此参数文件里的值为空。

5）确认 MSOP 和 DIFOP 端口号是否正确：Tools → Sensor Network Configuration，选择 use UDP，并且输入正确的 MSOP 端口号和 DIFOP 端口号，如图 3-39 所示。

图 3-38　选择 RS-LiDAR-M1 参数配置文件

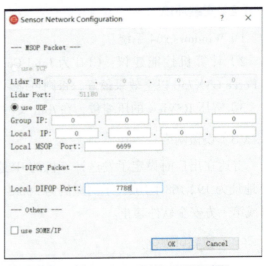

图 3-39　RSView 雷达端口设置示意图

6）RSView 开始显示实时采集的数据，如图 3-40 所示。可以通过单击 Play 按钮暂停，再单击一次可以继续显示。

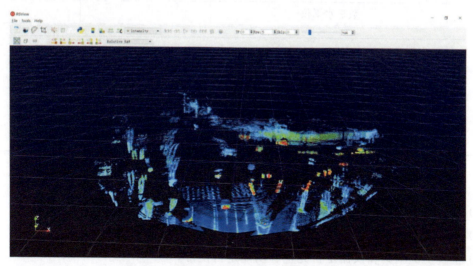

图 3-40　激光雷达点云图

三、激光雷达的应用仿真

PanoSim 内置激光雷达模型 Lidar，该模型支持模拟激光雷达点云级输出数据，其可配置参数包含激光扫描线数、探测 FoV、扫描频率、噪声、衰减等，支持非均匀分布的点云生成。

四、实训操作

实训项目名称：激光雷达安装调试。

1. 实训目标

1）能够正确使用双轴数显水平仪。
2）能够按照要求安装激光雷达。
3）能够识读激光雷达安装电路图。
4）能够完成激光雷达的调试。

2. 实训物品准备（表 3-5）

表 3-5　实训物品准备

序号	工具 / 设备 / 耗材名称	使用数量	备注
1	激光雷达		
2	激光雷达安装调试实训台		
3	维修工具套件		

（续）

序号	工具/设备/耗材名称	使用数量	备注
4	数显水平仪		

3. 实训注意事项

1）检查实训场地是否整洁，有无安全隐患。

2）检查实训设备是否完整、工作是否正常。

3）检查实训工具和仪器是否完整、功能是否正常。

4）规范操作，禁止随意启动设备。

5）完成实训项目后切断电源，整理工具设备，清洁作业场地卫生。

4. 激光雷达安装调试实训操作记录

1）安装激光雷达：
　①激光雷达安装高度：
　②激光雷达水平角：
　③激光雷达俯仰角：
　④激光雷达横摆角：

2）绘制激光雷达连接电路图：

3）在测试软件上设置激光雷达调试参数：

4）调试结果分析：

单元五　视觉传感器结构原理与应用

学习目标

1. 了解视觉传感器结构与工作原理。
2. 掌握视觉传感器安装与调试方法。

视觉传感器结构
原理与应用

一、视觉传感器结构原理

1. 基本概念

视觉是一个生理学词汇，当光作用于视觉器官时，使其感受细胞兴奋，感应到的信息经视觉神经系统加工后便产生视觉。人和动物通过视觉才能够感知外界物体的大小、明暗、颜色、动态，获得对机体生存具有重要意义的各种信息。据统计至少有 80% 以上的外界信息是经视觉获得的，视觉是人和动物最重要的感觉。

视觉传感器俗称摄像头，是指利用光学元件和成像装置获取外部环境图像信息的仪器。通常用图像分辨率来描述视觉传感器的性能，视觉传感器的精度与分辨率、被测物体的检测距离相关，被测物体距离越远，其绝对的位置精度越差。

车载视觉传感器用来模拟人的视觉系统，通过对采集的图片或视频进行处理获得相应场景的三维信息，以此来了解外界的环境和控制车辆自身的运动。车辆上安装视觉传感器的目的是用摄像头代替人眼，解决物体的识别、形状与方位确认、运动轨迹判断三大问题。

在行车过程中驾驶员获取的绝大部分信息均来自于视觉，如路面状况、交通标志标线、交通灯信号、障碍物等。通过视觉传感器感知路面环境，基于视觉技术的交通标志检测、道路检测、行人检测和障碍物检测的车辆驾驶辅助系统能够降低驾驶员劳动强度，提高行驶安全。驾驶辅助系统在为驾驶员提供决策建议的过程中，使用了大量的视觉信息数据，视觉图像具有其他传感器无法比拟的优势。车载摄像头对于智能驾驶功能必不可少，是实现高级辅助驾驶系统预警、识别类功能的基础。车载摄像头对可靠性的要求非常高，与普通摄像头监控系统不同，车载摄像头的工作时间长，且运行环境经常处于高频振动状态，因此车载摄像头的性能测试也非常严格。密封性测试通常需要在水中浸泡数天，温度测试通常持续 1000h，还包括从 –40~80℃ 的迅速跳转。除此之外，汽车摄像头大多还具备夜视功能，以保证夜间可以正常使用。

前视摄像头使用频率最高，通过算法开发优化，单一前视摄像头可以实现多重功能，如行车记录、车道偏离预警、前向碰撞预警、行人识别等。前视摄像头一般为广角镜头，安装在车内后视镜上或者前风窗玻璃上较高的位置，以实现较远的有效距离。全景泊车系统在车身周围布有多个摄像头，通过这些摄像头采集车辆四周的影像，经过图像处理单元矫正和拼接之后，形成全景俯视图，实时传送至中控台的显示设备上。驾驶员坐在车内可以非常直观地看到车辆所处的位置，以及周边的障碍物，辅助驾驶员泊车入位或通过复杂路面，能够有效减少车辆刮蹭、碰撞事故的发生。

2. 分类

车载视觉传感器常用的分类方式有按照芯片类型和按照镜头数目进行划分。

（1）按照芯片类型分类

1）电荷耦合器件（CCD）。CCD是一种用电荷量表示信号大小，用耦合方式传输信号的探测元件。它是一种特殊半导体器件，上面有很多一样的感光元件，每个感光元件叫一个像素。CCD在摄像头里类似于人的眼睛，起到将光线转换成电信号的作用，是一个极其重要的部件，其性能的好坏直接影响到摄像头的成像质量。它广泛应用于数码摄影、天文学等领域，尤其是光学遥测、光学与频谱望远镜和高速摄影，如图3-41所示。

2）互补金属氧化物半导体（CMOS）。CMOS是一种大规模应用于集成电路芯片制造的原料，和CCD一样，同为在扫描仪中可记录光线变化的半导体，如图3-42所示。CMOS感光器件将接收到的外界光线转换为电能，再透过芯片上的模/数转换器将获得的影像信号转变为数字信号输出。CMOS的制造技术和一般计算机芯片没什么差别，主要是利用硅和锗这两种元素所做成的半导体，使CMOS上共存着N（带负电）和P（带正电）两种半导体，这两个互补效应所产生的电流即可被处理芯片记录和解读成影像。

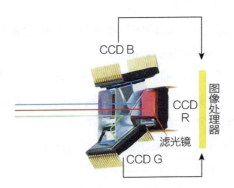

图3-41 电荷耦合器件（CCD）

图3-42 互补金属氧化物半导体（CMOS）

CCD和CMOS传感器是当前普遍采用的图像传感器，两者都是利用光电二极管进行光电转换，把图像转换成数字信号，主要差异是数字数据的传输方式不同。在CCD传感器中，每一行的每一个像素的电荷数据都是依次传送到下一个像素中，从最底部输出，再经过传感器边缘的放大器放大输出。而在CMOS传感器中，当数据的传送距离较长时会产生噪声，因此需要先放大信号，然后再整合各个像素的数据。在每一个像素旁都接有一个放大器及A/D转换电路，用类似于内存电路的方式输出数据。

（2）按照镜头数目分类

1）单目摄像头。单目视觉技术，即安装单个摄像头进行图像采集，一般只能获取到二维图像，如图3-43所示。单目视觉广泛应用于智能机器人领域。然而，由于该技术受限于较低图像精度以及数据稳定性的问题，需要和超声波、红外线等其他类型的传感器协同工作。

2）双目摄像头。双目视觉技术，是一种模拟人类双眼处理环境信息的方式，通过两个摄像头从外界采集一幅或者多幅不同视角的图像，从而建立被测物体的三维坐标，如图3-44所示。双目视觉技术大致分为机械臂视觉控制、移动机器人视觉控制、无人机无人船视觉控制等方向。

图3-43　单目摄像头

3）三目摄像头。三目摄像头除了包含单目摄像头功能，还加上了一个长焦摄像头负责远距离探测和一个鱼眼摄像头负责增强近距离范围的探测能力，使视野更为广阔。特斯拉电动汽车采用的三目摄像头模块包含一个120°的广角摄像头，用于监测车辆周围环境，探测距离60m左右；一个50°的中距摄像头，探测距离150m左右；一个35°的远距摄像头，探测距离250m左右，如图3-45所示。

图3-44　双目摄像头

图3-45　特斯拉三目摄像头

3. 结构原理

（1）基本结构

视觉传感器主要由光源、镜头、图像传感器、模/数转换器、图像处理器、图像存储器等组成，其主要功能是获取足够的机器视觉系统要处理的原始图像，如图3-46所示。

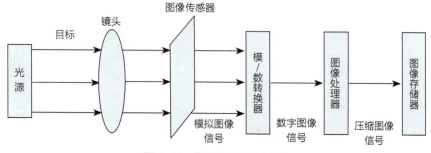

图3-46　视觉传感器基本结构

1）光源。光源是一个物理学名词，世界上的物体有的发光，有的不发光，我们把能够自行发光且正在发光的物体叫作光源，如太阳、打开的电灯、燃烧的蜡烛等都是光源。

2）镜头。镜头是视觉传感器的关键部件，它的质量好坏直接影响着摄像头的性能。镜头相当于人眼的晶状体，如果没有晶状体人眼看不到任何物体。如果没有镜头，那么摄像头所输出的图像就是白茫茫的一片，没有清晰的图像输出。

3）图像传感器。图像传感器通常使用电荷耦合装置（CCD）或互补金属氧化物半导体（CMOS）技术将光转换为电信号。图像传感器的任务本质上就是采集光源并将其转换为平衡噪声、灵敏度和动态范围的数字图像。图像是像素的集合，暗光产生暗像素，亮光产生较亮的像素。图像传感器能够确保摄像头具有正确的分辨率以适合应用，分辨率越高，图像细节越高，测量准确度越高。

4）模/数转换器。模/数转换器即通常所说的A/D转换器，是将模拟信号转变为数字信号的电子元件，能够把输入的电压信号转换为输出的数字信号。

5）图像处理器。图像处理器是一个进行分类、合成等处理的软件。它通过取样和量化过程将一个以自然形式存在的图像转换为适合计算机处理的数字形式，包括图片直方图、灰度图等的显示。图片修复，即指通过图像增强或复原来改进图片的质量。

6）图像存储器。图像存储是指各种图形和影像在存储器中最多可以存储多少帧的视频信号。数字图像文件存储方式主要有位映射图像、光栅图像以及矢量图像等。

（2）工作原理

车载视觉系统是能够让汽车具备视觉感知功能的系统，它利用视觉传感器获取周边环境的图像，并通过视觉处理器进行图像的分析和理解，进而转换为相应的定义符号，使汽车能够辨识并确认物体位置及各种状态。被拍摄的物体经过视觉传感器的镜头聚焦到视觉传感器上面，视觉传感器由多个 X-Y 纵横排列的像素点组成，每个像素点都由一个光电二极管及相关电路组成。光电二极管将拍摄到的光线转变成对应的电荷，在相关电路的控制下逐点输出，经放大、A/D转换，然后形成数字视频信号输出，最后通过显示屏还原后，就可以看到和拍摄场景一样的图像了。视觉传感器的工作原理如图3-47所示。

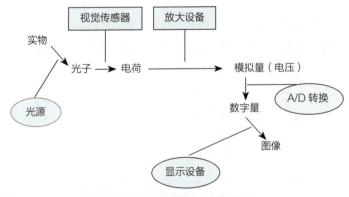

图3-47　视觉传感器工作原理

（3）产品参数

视觉传感器有分辨率和有效像素两个非常重要的参数。分辨率代表着图像是否能够清晰地呈现，在一定程度上决定着图像的品质。分辨率的高低取决于摄像头中图像传感器芯片上像素的多少，其像素越多，则摄像头的分辨率就会越高。分辨率的大小决定着所拍摄图像的清晰度，摄像头分辨率越高，成像后对细节的展示就越明显。

像素是构成数码影像的基本单元，通常以每英寸像素数（PPI）为单位来表示影像分辨率的大小。例如 300×300 分辨率，即表示水平方向与垂直方向上每英寸长度上的像素数都是 300，也可理解为 $1in^2$ 内有 9 万（300×300）像素。有效像素数与最大像素不同，有效像素数是指真正参与感光成像的像素值。最高像素的数值是感光器件的真实像素，这个数据通常包含了感光器件的非成像部分，而有效像素是在镜头变焦倍率下所换算出来的值。数码图片的储存方式一般以像素的个数为单位，每个像素是数码图片里面积最小的单位。像素的个数越多，图片的面积越大。要增加一个图片的面积大小，如果没有更多的光进入感光器件，唯一的办法就是把单个像素的面积增大，而不去改变像素的个数。

车载摄像头模块主要有以下特点：

1）能够抑制在较低光照度拍摄时的影响，要求即使是在晚上也必须能很容易地捕捉到影像。

2）车载摄像头模块需要具备广角以及影像周边部位高解析度的性能，水平视角通常为 25°~135°。

3）车载摄像头模块要具有良好的散热性，可抑制电磁干扰，图像形状的热稳定性好。为了保证工作可靠，车载摄像头模块通常不使用树脂，而使用铝合金压铸品。

4）用于驾驶辅助系统的摄像头是关乎行车安全的重要组件，在供电系统暂时断电的情况下仍需提供可靠的工作，因此，车载摄像头模块通常会设有备用电源模块，以满足系统需求。

二、视觉传感器安装与标定

1. 视觉传感器安装

摄像头是推动自动驾驶汽车发展的关键传感器之一。随着新应用功能的不断涌现，车载摄像头的数量也在迅速增加。此外，随着摄像头的应用从保有量较低的高档汽车转向更大的主流汽车市场，摄像头的采用率持续上升，车载摄像头的应用范围也越来越广。如行车记录仪、弥补后视镜盲区的变道辅助摄像头、用于车道保持的前视摄像头、驻车辅助的环视摄像头等，归纳起来可分为前视、后视、环视以及车内监控四种，车载摄像头应用功能见表 3-6。不同车型的车载摄像头安装位置和数量有所区别，如特斯拉的辅助驾驶 Autopilot2.0 车型中就有 8 个车载摄像头，其中前视有 3 个，它们分别具有不同的视场角和拍摄距离。

表 3-6　车载摄像头应用功能

ADAS 功能	摄像头位置	实现功能
车道偏离预警	前视	当检测到车辆即将偏离行车道时发出警告
盲点监测	侧视	利用侧视摄像头将后视镜盲区的影像显示在驾驶舱内
泊车辅助	后视	利用后视摄像头将车尾影像显示在驾驶舱内
全景泊车	前视、侧视、后视	利用图像拼接技术将摄像头采集到的影像组合成车辆周边的全景图
驾驶员检测	内置	利用内置摄像头检测驾驶员是否疲劳、闭眼等
行人碰撞预警	前视	当检测到前方行人可能发生碰撞时发出警告
车道保持辅助	前视	当检测到车辆即将偏离行车道时由车辆控制器纠正行驶路线
交通标志识别	前视、侧视	识别车辆前方和两侧的交通标志
前向碰撞预警	前视	当检测到与前车距离过近时发出警告

　　为了帮助驾驶员更为直观、安全地停泊车辆，很多车型配备了全景环视系统，也称作360°全景环视系统，它是倒车影像系统的升级换代产品。全景环视系统通过车载显示屏幕显示车辆四周360°的场景，超宽视角、无缝拼接的适时图像信息（鸟瞰图像）让驾驶员准确地了解车辆周边情况。该系统在车身周围布置了4个广角摄像头，如图3-48所示。

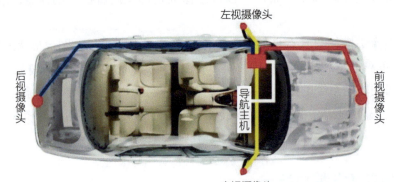

图 3-48　全景环视系统摄像头分布

　　不同品牌车型的全景环视系统控制电路也不相同，典型的全景环视系统安装接线示意图如图 3-49 所示。

2. 视觉传感器标定

　　摄像头的透镜由于制造精度以及组装工艺的偏差会引起畸变，从而导致原始图像失真。镜头的畸变分为径向畸变和切向畸变两类，如图 3-50 所示。径向畸变就是沿着透镜半径方向分布的畸变，主要是由透镜本身制造误差造成的。切向畸变是由于透镜本身与摄像头传感器平面（成像平面）或图像平面不平行而产生的，这种情况多是由于透镜被粘贴到镜头模组上的安装偏差导致。

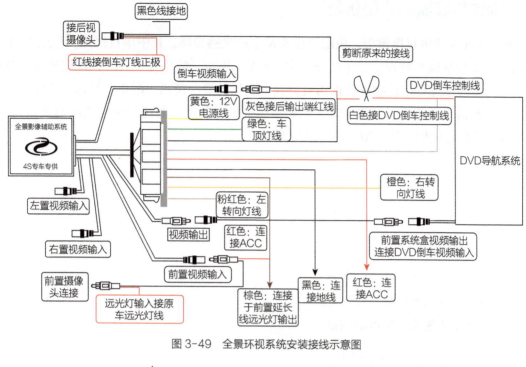

图 3-49　全景环视系统安装接线示意图

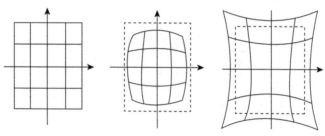

图 3-50　图像畸变

　　为了使摄像头拍摄到的图像与现实世界中的场景一致，需要按照一定的方式进行标定。视觉传感器标定是通过图像与现实世界的转换关系，找出其定量的联系，从而实现图像与现实世界相一致的数据。在图像测量过程以及机器视觉应用中，为了确定空间物体表面某点的三维几何位置与其在图像中对应点之间的相互关系，需要建立摄像头成像的几何模型，这个几何模型的参数就是摄像头的参数。在大多数条件下这些参数必须通过实验与计算才能得到，这个求解参数的过程被称为摄像头标定。

　　视觉传感器标定时用到的基本工具是标定板，标定板是一个带有固定间距图案阵列的平板，如图 3-51所示。摄像头通过拍摄标定板，经过标定算法的计算，可以得出摄像头的几何模型，从而得到高精度的测量和重建结果。该方法广泛应用于机器视觉、图像测量、摄影测量、三维重建等领域的校正镜头畸变。

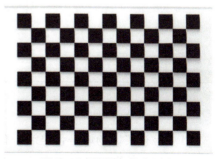

图 3-51　视觉传感器标定板

三、视觉传感器的应用仿真

PanoSim内置单目摄像头、鱼眼摄像头及车道线感知器，其中单目摄像头模型为Mono Camera，支持基础参数设定，包括分辨率、FoV、焦距、帧率等。另外，该模型支持各种复杂的实际成像过程中的物理特性仿真，其中包括畸变、模糊、暗角、景深、色像差、噪声、运动模糊、颜色校正、伽马等。该模型还提供对各类参数进行标定匹配的技术支持，从而可以定制化地模拟特定型号的单目摄像头。

四、实训操作

实训项目名称：视觉传感器安装调试。

1. 实训目标

1）能够按照要求安装视觉传感器。

2）能够识读视觉传感器安装电路图。

3）能够完成视觉传感器的调试。

2. 实训物品准备（表3-7）

表3-7　实训物品准备

序号	工具 / 设备 / 耗材名称	使用数量	备注
1	视觉传感器		
2	视觉传感器安装调试实训台		
3	维修工具套件		

3. 实训注意事项

1）检查实训场地是否整洁，有无安全隐患。

2）检查实训设备是否完整、工作是否正常。

3）检查实训工具和仪器是否完整、功能是否正常。

4）规范操作，禁止随意启动设备。

5）完成实训项目后切断电源，整理工具设备，清洁作业场地卫生。

4. 视觉传感器安装调试实训操作记录

1）安装视觉传感器并写出安装步骤：

2）绘制视觉传感器连接电路图：

3）在测试软件上设置视觉传感器调试参数：

4）调试结果分析：

▌单元六　智能网联汽车多传感器融合技术

智能网联汽车多
传感器融合技术

学习目标

1. 了解多传感器融合基本概念。
2. 了解多传感器融合应用方案。

一、多传感器融合基本概念

1. 基本概念

智能网联汽车的环境感知系统相当于人的感官系统，为了获得精确的外界信息，人们往往不是靠一个感知器官获取信息，而是通过多个感知器官综合获取信息。对于智能网联汽车而言，单一的传感器只能获得车辆运行环境或被测对象的部分信息段，要想精确获得车辆自身状态和外界交通环境的信息，也不能依靠单一的传感器，而是由多个同样的传感器或者多个不同类型的传感器共同获取信息数据，这些传感器能够起到互补和冗余的作用，这项技术被称作多传感器融合技术，如图 3-52 所示。经过多传感器融合后的信息能够准确、完整地反映环境特征，具有很好的信息互补性和冗余性。

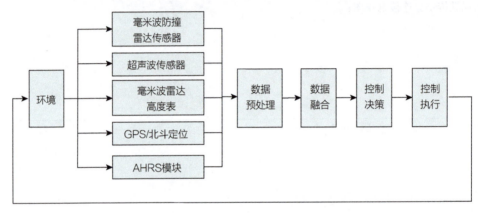

图 3-52　多传感器信息融合

传感器信息融合也叫作数据融合，是一项对多种信息的获取方式、表示形式及其内在联系进行综合处理与优化的技术。美国是数据融合技术起步最早的国家，数据融合一词出现于 20 世纪 70 年代，源于军事领域的指挥、控制、通信和情报系统的需要。数据融合是多元信息综合处理的一项新技术，有多传感器相关、多源相关、多传感器融合、信息融合等多个名称。

数据融合比较确切的定义可概括为：充分利用不同的时间和空间的多传感器信息资源，采用计算机技术对按时序获得的多传感器信息在一定的准则下加以分析、综合和使用，获得被测对象的一致性解释与描述，以完成所需的决策和估计任务，使系统得到比单独组成部分获取信息时更优越的性能。数据融合是利用计算机技术将多传感器或多源信息数据，在一定的准则下加以自动分析与综合，以完成所需的决策和估计而进行的信息处理过程。

2. 各传感器特点

单一传感器获得的信息有一定的局限性，并且所获取信息的精确度也受传感器自身质量与性能的影响，因此智能汽车通常需要配备多个不同类型的传感器，以满足环境感知和数据采集的需要。如果每个传感器的信息都进行独立的运算处理，不仅会导致控制单元信息处理工作量的增加，还分割了各传感器之间的信息内在联系，造成信息资源的浪费，也会产生一定的误差，因此人们提出了多传感器融合的概念。车辆上安装的各种传感器各有优劣，难以互相替代，汽车要实现自动驾驶功能，一定需要多数量、多类型的传感器相互配合，共同构建车辆的感知系统。

不同传感器的原理、功能各不相同，在不同的使用场景里可以发挥各自优势，难以互相替代，各传感器特点见表 3-8。

表 3-8　智能网联汽车环境感知系统传感器特点

序号	传感器	探测距离	精度	功能	优势	缺点
1	超声波传感器	10m	高	倒车雷达、自动泊车	成本低、近距离测量精度高	探测范围小
2	毫米波雷达	250m	较高	自适应巡航、自动紧急制动	不受天气影响、探测距离远、精度高	成本高、难以识别目标
3	激光雷达	200m	极高	实时建立车辆周边环境的三维模型图	测量精度极高、能够建立仿真度极高的场景模型	成本高、受恶劣天气影响
4	摄像头	50~200m	一般	车道偏离报警、前向碰撞预警、交通标志识别、全景泊车	成本低、可识别物体	难以精确测距、依赖光线、极端天气时可能会失效

计算机技术、传感器技术与通信技术被称为现代信息技术的三大支柱。如果把计算机看成处理信息和识别信息的"大脑"，把通信系统看成传递信息的"神经系统"，则传感器就相当于"感觉器官"。多传感器融合技术就像人的大脑综合处理感官信息一样，将各种传感器进行多层次、多空间的信息互补和优化组合处理，最终形成对环境感知的一致性解释。它从多信息的角度进行综合与处理，获取各传感器信息的内在联系和规律，从而删除重叠的、无用的或错误的信息，保留正确的和有用的成分，最终实现信息的最优化处理。只有把多个传感器的信息融合起来，才是实现汽车自动驾驶的关键。

3. 多传感器融合系统特点

（1）冗余性

传感器信息的冗余性可以大大提高系统的安全性、稳定性，能有效避免因单个传感器失效而对整个系统所造成的影响。对于传感器采集到的环境的某个特征，可以通过单个传感器的多个不同时刻，或者多个传感器同时得到它的多份信息。这些信息是冗余的，并且具有多重可靠性，通过融合处理，可以从中提取出更加准确和可靠的信息。传感器信息冗余性如图 3-53 所示。

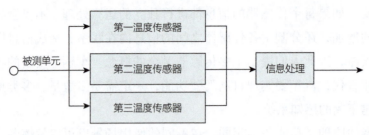

图 3-53　传感器信息冗余性

（2）互补性

每种类型的传感器都有各自的特点和优势，不同类别的传感器能够为系统提供不同特性的信息，这些信息描述的是不同的环境特征，它们彼此之间具有一定的互补性。

（3）及时性

通常情况下各传感器的处理过程是相互独立的，整个处理过程可以采用并行处理机制，从而使系统具有更快的处理速度，提供更及时的处理结果。

二、多传感器融合技术应用案例

1. 多传感器融合方案

（1）分布式

分布式融合方案是每个传感器对获得的原始数据先进行局部处理，如原始数据的预处理、分类及特征提取等，并通过各自的运算准则分别做出决策，然后将结果输送至融合单元进行融合以获得最终的决策。分布式多传感器融合方案对于通信带宽的要求较低，信息计算处理速度快，但信息跟踪精度偏低。分布式多传感器信息融合如图 3-54 所示。

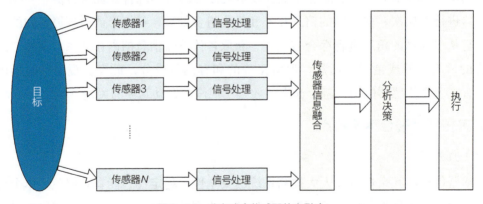

图 3-54　分布式多传感器信息融合

（2）集中式

集中式多传感器融合方案是将各传感器获得的原始数据直接传送到中央处理器进行融合处理，可以实现实时融合。优点是数据处理的精度高、算法灵活，缺点是对处理器性能的要求高。集中式多传感器融合方案如图 3-55 所示。

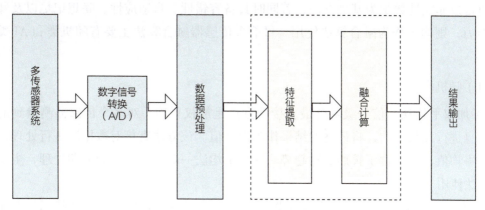

图 3-55 集中式多传感器融合方案

（3）混合式

在混合式多传感器信息融合方案中，一部分传感器采用集中式融合方式，还有一部分传感器采用分布式融合方式。混合式多传感器融合方案具有较强的适应能力，兼顾了集中式和分布式融合的优点，稳定性强，但是结构复杂，增加了信息通信和数据计算的成本。混合式多传感器信息融合方案如图 3-56 所示。

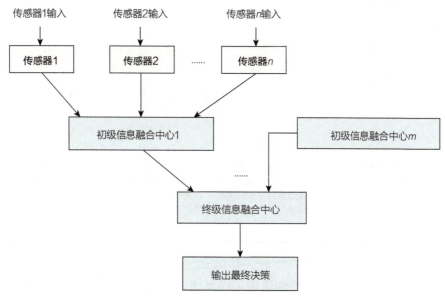

图 3-56 混合式多传感器信息融合方案

2. 智能网联汽车多传感器融合技术方案

对于多传感器系统来说，时刻要面对多样化、复杂化的环境信息，因此鲁棒性和并行处理的能力便成了无人驾驶对信息融合算法的最基本要求。运算速度、识别精度、连接前端预处理系统以及后端信息识别系统的接口稳定性、对不同技术和多种方法的上下兼容多方协调能力、对信息样本和信息质量的特殊要求等多种能力都可以作为算法性能的考察因素。通常以非线性数学为基础方法，若同时具备容错性、自适应性、联想记忆以及并行处理的能力，则均可作为融合算法使用。目前多传感器融合算法主要有随机类和 AI 类两种方法。

（1）随机类

1）加权平均法。信号级融合最直接的方法是加权平均，对多个传感器测量到的多条冗余信息进行加权平均，将最终的结果作为融合值。该方法直接对数据源进行处理，其所求得的平均值，已包含了长期变动趋势。加权平均法一般用于数据的前期处理，主要作为辅助算法使用。

2）卡尔曼滤波法。对于一个运动物体，能直观观察到它当前的运动状态。然而，一般情况下无法精确测量物体当前的运动状态，而很多试验需要预测物体在下一时刻的运动状态。对现场环境进行测量时，系统会存在相当大的干扰噪声。卡尔曼滤波（Kalman filtering）是一种利用线性系统状态方程，通过系统输入输出观测数据，对系统状态进行最优估计的算法。由于观测数据中包括系统中的噪声和干扰的影响，所以最优估计也可看作是滤波过程。卡尔曼滤波预测方程如图 3-57 所示。

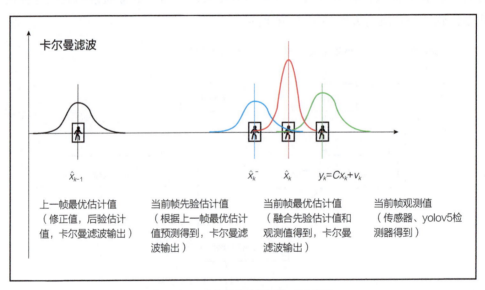

图 3-57　卡尔曼滤波预测方程示意图

该方法通过测量模型的统计特性递推，得出统计意义下的最优融合和数据估算。在无人驾驶中，卡尔曼滤波应用广泛，包括滤波操作 - 时序信息融合、多传感器的信号融合、在帧间位置插值并通过插值进行加速、对目标框进行平滑处理。卡尔曼滤波法对于输入数据的噪声信息和状态估计的平滑来说是最有效的传感器融合算法之一。它假定位置参数是符合高斯分布的，即完全可以被均值和协方差参数化：$X\sim N(\mu, \sigma-2)$，当传感器的信息流开始的时候，卡尔曼滤波器使用一系列的状态信息来预测和衡量更新步骤并更新被追踪目标的信心值（概率）。

3）多贝叶斯估计法。多贝叶斯估计法将每一个传感器作为一个贝叶斯估计，将多个独立物体的关联概率分布综合成一个联合的后验概率分布，通过求联合分布函数的最小似然，得出多传感器信息综合的最终融合值与实际环境的一个先验模型，从而对整个环境产生一个特征描述。贝叶斯估计的本质是通过贝叶斯决策得到参数 θ 的最优估计，使得总期望风险最小。

北京交通大学的樊俐彤针对运动单目摄像头下的多目标跟踪问题，在基于检测的跟踪方法框架下，对基于贝叶斯后验估计的多目标跟踪方法进行了研究。他采用可逆跳跃马尔可夫蒙特卡洛（RJMCMC）求解贝叶斯后验估计，该算法通过随机跳跃动作可以随机地增加或移除目标，可以适应目标数目随机变化的情况。

（2）AI 类

1）基于多传感器体系结构的算法。多传感器融合在体系结构上可分为 3 种：

①数据层的融合处理。针对传感器采集的数据，依赖于传感器类型，进行同类数据的融合。数据级的融合要处理的数据都是在相同类别的传感器下采集的，所以数据融合不能处理异构数据，流程如图 3-58 所示。

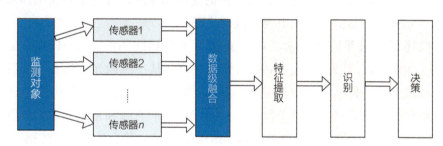

图 3-58　数据层融合处理

②特征层的融合处理。提取所采集数据包含的特征向量，用来体现所监测物理量的属性，这是面向监测对象特征的融合。如在图像数据的融合中，可以采用边沿的特征信息，来代替全部数据信息，流程如图 3-59 所示。

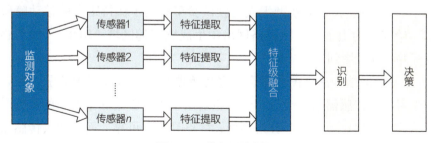

图 3-59　特征层融合处理

③决策层的融合处理。根据特征层融合所得到的数据特征，进行一定的判别、分类，以及简单的逻辑运算，根据应用需求进行较高级的决策，属于高级融合（流程如图 3-60 所示）。多传感器融合在硬件层面并不难实现，重难点都在算法上，拥有很高的技术壁垒，因此算法将占据价值链的主要部分。

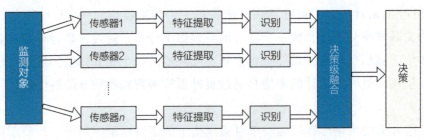

图 3-60　决策层融合处理

基于传感器体系结构的方法融合来自各种传感器（如激光雷达、毫米波雷达和摄像头）的数据，以探求它们各自的特点，提高环境感知能力。Darms 等介绍了无人驾驶汽车"Boss"采用的基于传感器融合的运动车辆检测与跟踪方法（卡内基梅隆大学的汽车，在2007 年 DARPA 城市挑战赛中获得第 1 名）。MOT 子系统分为 2 层，传感器层从传感器数据中提取特征，这些特征可用于根据点模型或盒模型描述移动障碍物假设。

传感器层还尝试将特征与来自融合层的当前预测假设相关联。无法与现有假设关联的功能用于生成新的建议。对与给定假设相关联的每个特征生成观察，封装更新假设状态估计所需的所有信息。融合层根据传感器层提供的建议和观测，为每个假设选择最佳跟踪模型，并使用卡尔曼滤波器估计（或更新）假设状态。

Cho 等描述了卡内基梅隆大学新的试验性自主车辆使用的新 MOT 子系统。以前的MOT 子系统，由 Darms 等人提出。Mertz 等使用可直接从二维激光雷达、三维激光雷达投影到二维平面或从多个传感器（激光雷达、毫米波雷达和摄像头）融合获得的扫描线。

扫描线被转换成世界坐标并被分割，为每个线段提取直线和角点特征。分段与现有障碍物相关联，并使用卡尔曼滤波器更新目标的运动学。Byun 等合并由多个传感器（如雷达、二维激光雷达和三维激光雷达）生成的移动障碍物轨迹，将二维激光雷达数据投影到二维平面上，利用联合概率数据关联滤波器（JP-DAF）跟踪运动障碍物。三维激光雷达数据被投影到一幅图像上，并使用区域增长算法分割成运动障碍物。

最后，利用迭代最近点（ICP）匹配或基于图像的数据关联来估计或更新轨迹的姿态。Xu 等描述了卡内基梅隆大学的新型无人驾驶试验车对用于保持距离的移动障碍物的上下文感知跟踪。给定行为上下文，在道路网络中生成感兴趣区域（ROI）。找到感兴趣区域内的候选目标并将其投影到道路坐标中。

2）多传感器数据结合深度图的融合。多传感器数据结合深度图的融合是近几年兴起的基于深度学习的多传感器信息融合算法，主要用于激光雷达和摄像头的数据融合。激光雷达深度传感器的数据比较稀疏，分辨率低，优点是数据可靠。而摄像头传感器获取的图像比较致密且分辨率高，缺点是获取的深度数据可靠性差。利用多传感器数据结合深度图融合将两者进行优势互补。

Deng 和 Czarnecki 等提出一个多视图标记的目标检测器。检测器将 RGB 图像和激光雷达点云作为输入，并遵循 2 步目标检测框架。第 1 步，区域提议网络（RPN）在点云的鸟瞰视图（BEV）投影中生成 3D 提议。第 2 步，将 3D 提议边框投影到图像和 BEV 特征图，并将相应的图截取发送到检测头（Detector head），以进行分类和边界框回归。提供最终的分类、定位和定向结果。

与其他多视图方法不同，裁剪的图像特征不直接馈送到检测头，而是被深度信息掩盖以过滤掉3D边框外的部分。图像和BEV特征的融合具有挑战性，因为它们来自不同的视角。这里引入了1种新检测头，不仅可以从融合层提供检测结果，还可以从每个传感器通道提供检测结果。因此，可以用不同视图标记的数据训练目标检测器，以避免特征提取器的退化。

来自田纳西大学诺克斯维尔分校的Nabati和Qi提出将摄像头采集的图像数据和雷达数据进行中间特征层的融合，以达到精确的3D目标检测。

①首先使用CenterNet算法，利用获得的摄像头数据预测目标的中心点，并回归得到目标的3D坐标、深度和旋转信息。

②然后利用视锥方法，将雷达检测到的目标数据和上面检测到的目标中心点进行关联。

③将关联后的目标特征和雷达数据检测到的深度与速度信息组成的特征图并联，再进行3D目标深度、旋转、速度和属性的回归。该算法解决了高度信息不准确的问题，引入了雷达点云预处理步骤。Zhong、Wu等提出的完整关联网络（CFCNet）是一种端到端的深度模型，用RGB信息做稀疏深度完整化。

2D深度规范相关性分析（2D2CCA）作为网络约束条件，可确保RGB和深度的编码器捕获最相似语义信息。该网络将RGB特征转换到深度域，并且互补的RGB信息用于完整丢失的深度信息。完整的密集深度图被视为由两部分组成。一个是可观察并用作输入的稀疏深度，另一个是无法观察和恢复的深度。同样，相应深度图的整个RGB图像可以分解为2部分：

①稀疏RGB，在稀疏深度可观察位置保留相应的RGB值。

②互补RGB（Complementary RGB），即从整个RGB图像中减去稀疏RGB（Sparse RGB）的部分。

在训练期间，CFCNet会学习稀疏深度和稀疏RGB之间的关系，并用所学知识从互补RGB中恢复不可观察的深度。在此基础上，Luc Van Gool提出了一种新方法，可以精确地完整化RGB图像引导的稀疏激光雷达深度图。他提出一种融合方法，由单目摄像头提供RGB指导，利用目标信息并纠正稀疏输入数据的错误，这样大大提高了准确性。此外，利用置信度掩码考虑来自每种模态深度预测的不确定性。

复 习 题

一、填空题

1. 声音是一种波动，它是 _____ 振动在媒质中的传播。

2. 超声波传感器的主要材料是 _____，是一种能够实现电能与机械能相互转换的晶体材料。

3. 超声波传感器在车上的主要应用范围就是倒车雷达系统，倒车雷达可协助驾驶员停车，当退出倒档或车速超过约＿＿＿＿＿＿＿＿时，系统有可能会停止工作。

4. 电磁波不需要依靠介质传送，各种电磁波在真空中的传输速度是固定的，速度为＿＿＿＿＿＿＿＿。

5. 雷达是指利用＿＿＿＿＿＿＿＿发现目标并获取目标位置等信息的装置。

6. 远距离雷达（LRR）用来实现车辆的＿＿＿＿＿＿＿＿功能。

7. 在车载雷达中比较常见的是平面天线阵列雷达，相比其他大型雷达的天线，没有＿＿＿＿＿＿＿＿，从而能保证更小的体积和更低的成本。

8. 激光成像雷达具有较高的＿＿＿＿＿＿＿＿分辨率和＿＿＿＿＿＿＿＿分辨率，可以形成高分辨率的三维图像。

9. 固体激光雷达就是指没有＿＿＿＿＿＿＿＿的激光雷达，也叫作固态激光雷达。

10. 半导体激光器又称＿＿＿＿＿＿＿＿，是用半导体材料作为工作物质的激光器。

11. 激光接收系统经接收光学系统＿＿＿＿＿＿＿＿接收目标物体反射回来的激光，产生接收信号。

12. 视觉传感器俗称摄像头，是指利用＿＿＿＿＿＿＿＿和＿＿＿＿＿＿＿＿获取外部环境图像信息的仪器。

13. 前视摄像头一般为＿＿＿＿＿＿＿＿，安装在车内后视镜上或者前风窗玻璃上较高的位置，以实现较远的有效距离。

14. CCD是指＿＿＿＿＿＿＿＿，是一种用电荷量表示信号大小，用耦合方式传输信号的探测元件。

15. 视觉传感器有＿＿＿＿＿＿＿＿和＿＿＿＿＿＿＿＿两个非常重要的参数。

16. 摄像头的透镜由于制造精度以及组装工艺的偏差会引起畸变，从而导致原始图像失真，镜头的畸变分为＿＿＿＿＿＿＿＿和＿＿＿＿＿＿＿＿两类。

二、选择题

1. 声波是声音的传播形式，也是能量在介质中的传递，常用参数主要有（　　　　）。

A. 频率　　　　　　B. 周期　　　　　　C. 振幅　　　　　　D. 速度

2. 常温下声波在空气中的传播速度约为（　　　　），在不同的介质中声音的传播速度也不同。

A. 100m/s　　　　B. 140m/s　　　　C. 240m/s　　　　D. 340m/s

3. 超声波测距是通过探测超声波脉冲（　　　　）来实现的。

A. 阵列波　　　　B. 连续波　　　　C. 调频波　　　　D. 回波

4. 电磁波的种类有无线电波、（　　　　）、γ射线等。

A. 红外线　　　　B. 可见光　　　　C. 紫外线　　　　D. X射线

5. 电磁波在通过不同的介质时，也会发生（　　　　）和吸收等现象。

A. 折射　　　　　B. 反射　　　　　C. 绕射　　　　　D. 散射

6. 毫米波雷达按采用的毫米波频段不同，主要分为（　　）几个频段。

　　A. 24GHz　　　　　　　B. 60GHz　　　　　　　C. 77GHz　　　　　　　D. 79GHz

7. 中距离雷达（MRR）用来实现车辆的（　　）。

　　A. 侧向来车报警　　　B. 变道辅助功能　　　C. 倒车雷达　　　　　D. 自动泊车辅助

8. 毫米波雷达的天线包括（　　）两部分。

　　A. 发射天线　　　　　B. 接收天线　　　　　C. 有源天线　　　　　D. 无源天线

9. 在标定毫米波雷达的安装角度时通常使用（　　）。

　　A. 角度尺　　　　　　　　　　　　　　　B. 游标卡尺

　　C. 卷尺　　　　　　　　　　　　　　　　D. 双轴数显水平仪

10. 激光束内的光波都是相同颜色的，此性质叫（　　）。

　　A. 统一性　　　　　　B. 单色性　　　　　　C. 同向性　　　　　　D. 指向性

11. 激光雷达主要由（　　）组成。

　　A. 激光发射系统　　　　　　　　　　　　B. 激光接收系统

　　C. 信息处理系统　　　　　　　　　　　　D. 扫描系统

12. 在激光雷达前端有一个（　　）系统，在发射系统后端有 N 组发射模块，在接收系统后端也有 N 组与发射模块对应的接收模块。

　　A. 感光器　　　　　　　　　　　　　　　B. 发光器

　　C. 光学发射和光学接收　　　　　　　　　D. 滤镜

13. 激光雷达视场角分为（　　）。

　　A. 距离视场角　　　　　　　　　　　　　B. 高度视场角

　　C. 水平视场角　　　　　　　　　　　　　D. 垂直视场角

14. 在激光雷达的转速及点频一定的情况下，测距越远，点密度越稀，精度随之降低，对于车规级的激光雷达其测量距离通常要达到（　　）以上。

　　A. 50m　　　　　　　B. 150m　　　　　　　C. 250m　　　　　　　D. 350m

15. 通常用（　　）来描述视觉传感器的性能。

　　A. 亮度　　　　　　　B. 图像分辨率　　　　C. 灰度　　　　　　　D. 清晰度

16. 视觉传感器标定是通过图像与现实世界的转换关系，找出其定量的联系，从而实现在图像中实现与现实世界（　　）的数据。

　　A. 相一致　　　　　　B. 同距离　　　　　　C. 同颜色　　　　　　D. 同方向

三、判断题

1. 正在发声的物体叫作声源，声源产生的振动在空气或其他物质中的传播叫作声波，声波传播的空间就称为声场。　　　　　　　　　　　　　　　　（　　）

2. 超声波传感器是一种可逆传感器，它可以将电能转变成机械振荡，从而产生超声波；同时当它接收到超声波时，也能转变成电能。　　　　　　　（　　）

3. 电磁波的种类很多，不同的电磁波，区别只在于波长不同而已。　　　（　　）

4. 电磁波的波长越长，频率越低，绕射能力越强，穿透能力越强，信号损失衰减越小，传输距离越远，能实现信号的广域覆盖。（　　）

5. 毫米波雷达按探测距离可分为 SRR（小于 60m）、MRR（100m 左右）和 LRR（大于 200m）三种。（　　）

6. 毫米波雷达主要由信号发射器、信号接收器、信号处理器以及天线阵列等部件组成。（　　）

7. 激光属于电磁波的一种，是电磁场的一种运动形态。（　　）

8. 单线激光雷达就是只有一个激光发射器和一个激光接收器，经过电机的旋转投射到前面的是一条线。（　　）

9. 多线激光雷达可以做到 3D 成像，能够实现行车环境的高精度建模。（　　）

10. 脉冲激光不断地扫描目标物，就可以得到目标物上全部目标点的数据，用此数据进行成像处理后，就可得到精确的三维立体图像。（　　）

11. 光学旋转编码器属于编码器中较为特殊的一种，它通过光电转换，可将输出轴的角位移、角速度等机械量转换成相应的电脉冲以数字量输出。（　　）

12. 激光雷达根据安装位置的不同，可分为两大类。一类安装在车辆的四周，另一类安装在车辆的车顶。（　　）

13. 当光作用于视觉器官时，使其感受细胞兴奋，感应到的信息经视觉神经系统加工后便产生视觉。（　　）

14. 车载摄像头对于智能驾驶功能必不可少，是实现 ADAS 预警、识别类功能的基础。（　　）

15. 前视摄像头使用频率最高，单一摄像头可实现多重功能。（　　）

16. 为了帮助驾驶员更为直观、安全地停泊车辆，很多车型配备了全景环视系统，也称作 360° 全车可视系统，它是倒车影像系统的升级换代产品。（　　）

17. 传感器是指能感受被测量并按照一定的规律转换成可用输出信号的器件或装置，通常由敏感元件和转换元件组成。（　　）

18. 集成传感器是指将敏感元件连同信号处理电路集成在一起的传感器。（　　）

19. 经过多传感器融合后的信息能够准确、完整地反映环境特征，具有很好的信息互补性和冗余性。（　　）

20. 传感器信息融合也叫作数据融合，是一项对多种信息的获取方式、表示形式及其内在联系进行综合处理与优化的技术。（　　）

▌单元一　GPS/北斗导航系统结构原理与应用

🔵 学习目标

1. 了解 GPS/北斗导航系统的基本概念。
2. 了解 GPS/北斗导航系统的工作原理。

GPS/北斗导航
系统结构原理与
应用

一、全球定位系统和北斗卫星导航系统的定义

全球定位系统（Global Positioning System，GPS）是美国于 1958 年研制、1964 年投入使用的一种系统。该系统利用 GPS 定位卫星，在全球范围内进行实时定位及导航。GPS 是由美国国防部研制建立的一种具有全方位、全天候、全时段、高精度的卫星导航系统，能为全球用户提供低成本、高精度的三维位置、速度和精确定时等导航信息，是卫星通信技术在导航领域的应用典范，它极大地提高了全球的信息化水平，有力地推动了数字经济的发展。其系统示意图如图 4-1 所示。

北斗卫星导航系统（BeiDou Navigation Satellite System，BDS）是中国自行研制的全球卫星导航系统，如图 4-2 所示，也是继 GPS、GLONASS 之后的第三个成熟的卫星导航系统。

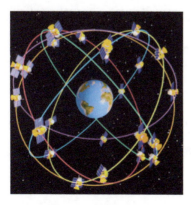

图 4-1　美国 GPS

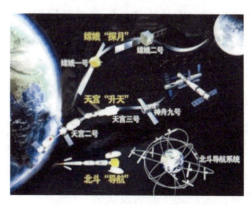

图 4-2　中国北斗卫星导航系统

北斗卫星导航系统由空间段、地面段和用户段三部分组成，可在全球范围内全天候、全天时为各类用户提供高精度、高可靠定位、导航、授时服务，并且具备短报文通信能力，已经初步具备区域导航、定位和授时能力，定位精度为分米、厘米级别，测速精度 0.2m/s，授时精度 10ns（纳秒）。北斗卫星导航系统于 2000 年底建成北斗一号系统，向中国提供服务；2012 年底建成北斗二号系统，向亚太地区提供服务；2020 年建成北斗三号系统，向全球提供服务。

二、全球定位系统和北斗卫星导航系统技术特点

1. 全球定位系统技术特点

（1）全球范围内连续覆盖

由于 GPS 卫星的数目比较多，其空间分布和运行周期经精心设计，可使地球上任何地点在任何时候都能观测到至少 4 颗卫星，从而来保证全球范围的全天候连续三维定位。

（2）实现实时定位

GPS 可以实时确定运动载体的三维坐标和速度失量，从而可以实时地监视和修正载体的运动方向，避开各种不利环境，选择最佳航线，这是许多导航定位技术难以企及的。

（3）定位精度高

利用 GPS 可以得到动态目标的高精度坐标、速度和时间信息，在较大空间尺度上对静态目标可以获得比较高的定位精度，随着技术水平的提高，定位精度技术还会有更进一步的提高。

（4）静态定位观测效率高

根据精度要求不同，GPS 静态观测时间从几分钟到数十天不等，从数据采集到数据处理基本上都是自动完成。

（5）应用广泛

GPS 以其全天候、高精度、自动化、高效益等显著特点成功应用于测绘领域、资源勘探、环境保护、农林牧渔、运载工具导航和管制、地壳运动监测、工程变形监测、地球动力学等多门学科。

2. 北斗卫星导航系统技术特点

（1）使用三频信号

GPS 使用的是双频信号，北斗使用的是三频信号。根据双频载波信号受电离层延迟影响的差异性，通过计算出电离层延时，可以减弱电离层对电磁波信号的延迟影响。使用三频信号能更好地抵消电离层高阶误差，定位更精确，并且当某个频点无法使用时，可切换使用双频，这是北斗的后发优势。

（2）有源定位及无源定位相结合

有源定位指的是在定位过程中接收机向卫星发送位置信息，无源定位是指接收机无需向卫星发送信息。在有源定位技术下，只要有 2 颗卫星就能定位，而正常无源定位情况下至少要有 4 颗卫星才能实现定位。在某些环境恶劣搜星情况不佳的情况下，有源技术也可精准定位。北斗使用了有源定位及无源定位相结合的技术，可以保证在不同的环境中进行准确定位。

（3）短报文通信服务

该功能是北斗的独有技术，短报文是指用户终端与卫星之间能够通过卫星信号进行双向的信息传递，比较适用于紧急情况下的通信。2008 年汶川大地震时震区唯一的通信方式就是北斗一代。

（4）关联紧密，境内监控

北斗三号系统首创采用了 Ka 频段测量型星间链路技术。这项技术使所有北斗卫星连成一个网络，每颗星之间可以"通话"，可以测距，实现"一星通、星星通"的功能，使卫星定位的精度大幅度提高。另外各个卫星的星载原子钟之间可以同步运行，提高了整个导航系统时间同步的精度。北斗定位系统的地面监控部分均位于中国本土内，提高了系统的安全性。

（5）覆盖范围广

北斗中国区域检测范围约为东经 70°~140°，北纬 5°~55°，覆盖范围较广，可满足该区域内各种设备的定位需求。

三、全球定位系统和北斗卫星导航系统的工作原理

1. 全球定位系统的工作原理

GPS 实施的是"到达时间差"（时延）的概念，利用每一颗 GPS 卫星的精确位置和连续发送的星上原子钟生成的导航信息获得从卫星至接收机的到达时间差。

GPS 卫星在空中连续发送带有时间和位置信息的无线电信号，供 GPS 接收机接收。由于传输距离的因素，接收机接收到信号的时刻要比卫星发送信号的时刻延迟，通常称之为时延，因此，也可以通过时延来确定距离。卫星和接收机同时产生同样的伪随机码，一旦两个码实现时间同步，接收机便能测定时延；将时延与光速相乘，便能得到距离。GPS 结构如图 4-3 所示。

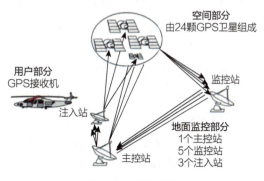

图 4-3 GPS 结构

每颗 GPS 卫星上的计算机和导航信息发生器非常精确地了解其轨道位置和系统时间，而全球监测站网保持连续跟踪卫星的轨道位置和系统时间。位于美国科罗拉多州施里弗空军基地内的主控站与其运控段一起，至少每天一次对每颗 GPS 卫星注入校正数据。注入数据包括星座中每颗卫星的轨道位置测定和星上时钟的校正。这些校正数据是在复杂模型的基础上算出的，可在几个星期内保持有效。GPS 系统时间是由每颗卫星上原子钟的铯和铷原子频标保持的。这些卫星时钟一般来讲精确到世界协调时（UTC）的几纳秒以内，UTC 是由海军观象台的"主钟"保持的，每台主钟的稳定性为若干个 10^{-13}s。GPS 卫星早期采用两部铯频标和两部铷频标，后来逐步改变为更多采用铷频标。通常，在任一指定时间内，每颗卫星上只有一台频标在工作。

2. 北斗卫星导航系统的工作原理

首先由中心控制系统向卫星 I 和卫星 II 同时发送询问信号，经卫星转发器向服务区内的用户广播。用户响应其中一颗卫星的询问信号，并同时向两颗卫星发送响应信号，经卫星转发回中心控制系统。中心控制系统接收并解调用户发来的信号，然后根据用户的申请服务内容进行相应的数据处理。对定位申请，中心控制系统测出两个时间延迟：从中心控制系统发出询问信号，经某一颗卫星转发到达用户，用户发出定位响应信号，经同一颗卫星转发回中心控制系统的延迟；从中心控制系统发出询问信号，经上述同一卫星到达用户，用户发出响应信号，经另一颗卫星转发回中心控制系统的延迟。由于中心控制系统和两颗卫星的位置均是已知的，因此由上面两个延迟量可以算出用户到第一颗卫星的距离，以及用户到两颗卫星距离之和，从而知道用户处于以第一颗卫星为球心的一个球面，和以两颗卫星为焦点的椭球面之间的交线上。另外中心控制系统从存储在计算机内的数字化地形图查寻到用户高程值，又可知道用户处于某一与地球基准椭球面平行的椭球面上，从而可最终计算出用户所在点的三维坐标，这个坐标经加密由出站信号发送给用户。

四、GPS/DR 组合定位技术介绍

车辆航位推算（Dead Reckoning，DR）方法是一种常用的自主式车辆定位技术。相对于 GPS，它不用发射接收信号，不受电磁波影响，机动灵活，只要车辆能到达的地方都能定位。但是由于这种定位方法的误差随时间推移而发散，所以只能在短时间内获得较高的精度，不宜长时间单独使用。DR 是利用车辆某一时刻的位置，根据航向和速度信息，推算得到当前时刻的位置，即根据实测的汽车行驶距离和航向计算其位置和行驶轨迹。它一般不受外界环境影响，所以单独工作时不能长时间保持高精度。为了弥补 DR 系统的短板，可以将 GPS 与 DR 进行组合使用。

GPS/DR 组合定位系统主要由 GPS 传感器、电子罗盘、里程计组成。GPS 负责检测智能网联汽车所在位置的绝对经度、纬度以及海拔，电子罗盘作为航向传感器感知汽车的航向，里程计可作为速度传感器测定汽车单位时间内行驶的里程。计算机负责采集各传感器的数据并进行航迹推算、GPS 坐标变化以及数据处理，并且通过数据融合算法估算出汽车

的动态位置。该系统的组成如图 4-4 所示。

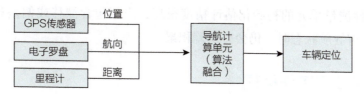

图 4-4　GPS/DR 组合定位系统

单元二　惯性测量单元（IMU）结构原理与应用

学习目标

1. 了解惯性测量单元的基本概念。
2. 掌握惯性测量单元工作原理。

惯性测量单元
IMU 结构原理
与应用

一、惯性测量单元的定义

惯性测量单元（Inertial Measurement Unit，IMU）是测量物体三轴姿态角（或角速率）以及加速度的装置。通常一个 IMU 包含了三个单轴的加速度计和三个单轴的陀螺仪，加速度计检测物体在载体坐标系统独立三轴的加速度信号，而陀螺仪检测载体相对于导航坐标系的角速度信号，因此可测量物体在三维空间中的角速度和加速度，并以此解算出物体的姿态。惯性测量单元如图 4-5 所示。

图 4-5　惯性测量单元

二、惯性测量单元技术特点

1. 惯性测量单元优点

1）只用内部传感器就可以得到测量数据，而不需要任何外界帮助。

2）惯性测量单元的测量输出能与计算机的采样计算同步。

3）高采样率和运算速度可实现很短的时延，更新频率高，工作频率可以达到 100Hz 以上。

4）短时间内的推算精度高，不会有太大的误差。

2. 惯性测量单元缺点

1）具有足够精度的惯性传感器很昂贵。

2）惯性测量单元的系统初始化时间较长。

3）即使惯性测量单元的初始化估计精度很高，当用包含漂移或偏差和噪声的惯性测量数据，积分求解导航状态时，仍会有误差积累。

三、惯性测量单元工作原理

惯性测量单元属于捷联式惯导，该系统由三个加速度传感器与三个角速度传感器（陀螺）组成，加速度传感器用来感受汽车相对于地垂线的加速度分量，角速度传感器用来感受汽车的角度信息。该部件通过 A/D 转换器采集 IMU 各传感器的模拟变量，转换为数字信息后经过 CPU 计算，最后输出汽车的俯仰角度、倾斜角度与侧滑角度。存储器主要存储了 IMU 各传感器的线性曲线图与 IMU 各传感器的件号与序号，惯性测量单元在刚开机时，CPU 读取内存的线性曲线参数为后续角度计算提供初始信息。

四、GPS/IMU 组合定位技术介绍

在智能网联汽车中，GPS 已经成为行车定位必不可少的技术。但 GPS 也有它本身的劣势，比如信号差、有误差、更新频率低等问题，所以仅靠 GPS 无法满足智能网联汽车自动驾驶的定位需求，此时需要使用 GPS/IMU 的解决方案来实现定位。IMU 拥有更高的更新频率，而且不受信号影响，因此可以很好地与 GPS 形成互补。GPS/IMU 组合定位系统结构如图 4-6 所示。

图 4-6　GPS/IMU 组合定位系统结构

GPS/IMU 组合定位系统通过高达 100Hz 的更新数据，可以帮助智能网联汽车完成定位。GPS 是一个相对准确的定位用传感器，但是它的更新频率很低，仅有 10Hz，不足以提供足够实时的位置更新。IMU 的更新频率可以达到 100Hz 或者更高，通过整合 GPS 与 IMU 可以为车辆定位提供既准确又足够实时的位置更新。

例如，在隧道中导航系统经常因为信号不好无法使用，此时 IMU 就可以增强 GPS 的导航能力。在智能网联汽车的自动驾驶系统中，当车道线识别模块失效时，利用失效之前

感知到的道路信息和 IMU 对汽车航迹进行推演，仍然能够让汽车继续在车道内行驶。

　　GPS 和 IMU 组合是为了融合 IMU 的航向速度、角速度和加速度信息，来提高 GPS 的精度和抗干扰能力。GPS 只提供位置信息，IMU 提供航向姿态信息，同时 IMU 会提供车辆不同的角度等信息，该信息不但可以用于车辆定位，还可用于车辆动力学控制。此外，根据 IMU 提供的信息，控制单元可以非常敏锐地实时监测到车辆姿态的变化，从而可以更精准地识别一些比较复杂的路况信息。

五、惯性测量单元的应用仿真

　　惯性测量单元传感器主要模拟具有 9 通道输出信号的三轴惯性导航单元。

六、实训操作

　　实训项目名称：组合导航系统安装调试。

1. 实训目标

　　1）能够按照要求安装组合惯导传感器。

　　2）能够识读组合惯导传感器安装电路图。

　　3）能够完成组合惯导传感器的调试。

2. 实训物品准备（表 4-1）

表 4-1　实训物品准备

序号	工具 / 设备 / 耗材名称	使用数量	备注
1	组合惯导设备主机		
2	GNSS 天线		
3	4G 天线		
4	航空数据线		
5	十字螺丝刀、万用表、笔记本电脑		

3. 安装及调试

本实训设备使用的是上海华测导航技术股份有限公司的 CGI-430，目前该设备已广泛应用于智能网联汽车中。该设备采用全系统全频点 GNSS 观测量信息和 6 轴 IMU 惯性测量结合的紧组合引擎技术，能持续提供高精度的位置、速度和姿态等导航参数，完美解决了城市峡谷、多建筑物以及多路径干扰。

（1）主机安装

购买的设备包括 CGI-430 主机、19pin 航空插接数据线、外接电源线、GNSS 天线转接线、GNSS 天线、强磁吸盘和 4G 天线。CGI-430 数据线连接方式如图 4-7 所示。

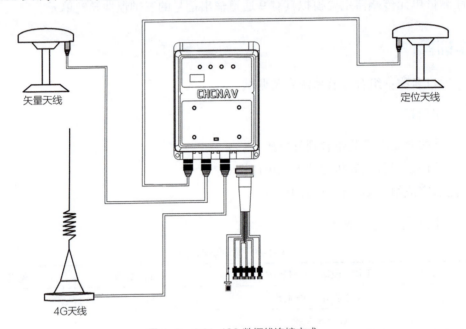

图 4-7　CGI-430 数据线连接方式

将两个 GNSS 天线和 GNSS 天线转接线连接后分别与 CGI-430 主机的 GNSS1 和 GNSS2 接口进行连接，将 4G 天线与 CGI-430 主机的 TNC 接口连接，将 19pin 航空插接数据线与 CGI-430 主机的 COM 接口连接。

（2）实车安装（如无车辆可忽略）

GNSS 天线分别旋拧到两个强磁吸盘上并分别固定摆放在测试载体的前进方向和后退方向上，尽可能地将其安置于测试载体的最高处以保证能够接收到良好的 GNSS 信号，同时要保证两个 GNSS 天线相位中心形成的连线与测试载体中心轴线方向一致或平行，如图 4-8 所示。

将 CGI-430 主机安装在载体上，如图 4-9 所示，主机铭牌上标示的坐标系面尽量与载体被测基准面平行，Y 轴与载体前进方向中心轴线平行，注意主机单元必须与被测载体固连。

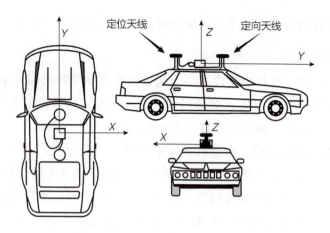

图 4-8　GNSS 天线实车安装示意图

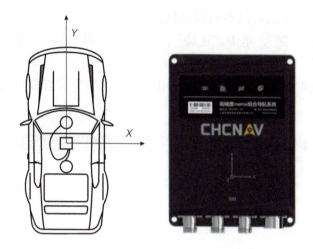

图 4-9　CGI-430 车内安装示意图

（3）SIM 卡安装

SIM 卡具体安装流程如下：（请确保 SIM 卡有流量）切断电源，在没有电源的情况下进行安装。用十字螺丝刀拧开 SIM 卡盖子的四个螺钉，取出 SIM 卡盖后，SIM 卡槽如图 4-10 所示。

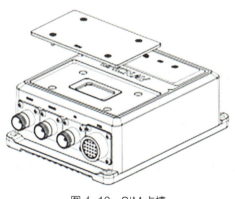

图 4-10　SIM 卡槽

按照插槽打开方向打开 SIM 卡盖，按照设备提示方向插入 SIM 卡，并盖上 SIM 卡盖。

（4）数据采集与显示

接收机通过内置网页进行操作设置，该网页被集成到接收机固件中，主要包括接收机运行状态、接收机工作模式设置、惯导操作设置、数据输出设置等各种应用程序的设置。在对接收机进行操作之前，确保接收机是正常运转的。

天线和电缆的安装完成后，给接收机上电开机。当接收机启动后，可以使用 WiFi 来访问、配置和监视接收机，不需要连接到接收机的线缆。具体步骤：打开计算机 WiFi，搜索名为 GNSS-×××××××的无线网络（其中 ×××××××代表接收机的 SN 号），然后建立连接，如有密码则为 12345678；打开浏览器，在地址栏输入 192.168.200.1，弹出登录界面，账号 admin，密码 password。

进入网页界面后，可查看仪器的搜星状态、固件升级、工作状态等。进入到 IO 配置界面，选择"RTK 客户端"，单击"连接"，连接协议可以选择 NTRIP/TCP 协议，输入账号密码等相关信息后，最后单击"确定"。单击左侧"惯导"里面的"惯导配置"，可进行接收机的"融合数据设置"和"车辆参数设置"。设置完成后即可观察到数据输出，如图 4-11 所示。

图 4-11　CGI-430 设置界面

4. 实训注意事项

1）检查实训场地是否整洁，有无安全隐患。

2）检查实训设备是否完整、工作是否正常。

3）检查实训工具和仪器是否完整、功能是否正常。

4）规范操作，禁止随意启动设备。

5）完成实训项目后切断电源，整理工具设备，清洁作业场地卫生。

5. 组合惯导传感器安装调试实训操作记录

1）安装组合惯导传感器并写出安装步骤：

2）绘制组合惯导传感器连接电路图：

3）在测试软件上设置组合惯导传感器调试参数：

4）调试结果分析：

复 习 题

一、填空题

1. 北斗卫星导航系统（BDS）是中国自行研制的＿＿＿＿＿＿系统。

2. 2012 年年底建成北斗二号系统，向＿＿＿＿＿＿提供服务；2020 年建成北斗三号系统，向＿＿＿＿＿＿提供服务。

3. 有源定位指的是在定位过程中＿＿＿＿＿＿向卫星发送位置信息。

4. 车辆航位推算（DR）方法是一种常用的＿＿＿＿＿＿车辆定位技术。

5. 加速度计用来感受汽车相对于＿＿＿＿＿＿的加速度分量。

6. 惯性测量单元在刚开机时，CPU 读取内存的＿＿＿＿＿＿为后续角度计算提供初始信息。

二、选择题

1. 北斗卫星导航系统由（　　　）三部分组成。

　A. 空间段　　　　　　B. 地面段　　　　　　C. 用户段　　　　　　D. 信号传输段

2. GPS 使用的是（　　　）信号，北斗使用的是（　　　）信号。

　A. 双频　　　　　　B. 三频　　　　　　C. 单频　　　　　　D. 多频

3.（　　　）是指用户终端与卫星之间能够通过卫星信号进行双向的信息传递，比较适合用于紧急情况下的通信。

　　A. 紧急通信　　　　　　B. 无源通信　　　　　　C. 电磁波通信　　　　D. 短报文

4. GPS 卫星在空中连续发送带有（　　　）信息的无线电信号，供 GPS 接收机接收。

　　A. 速度　　　　　　　　B. 方向　　　　　　　　C. 时间　　　　　　　D. 位置

5. GPS/DR 组合定位系统主要由（　　　）等部件组成。

　　A. 转速信号　　　　　　B. GPS 传感器　　　　　C. 电子罗盘　　　　　D. 里程计

6. 惯性测量单元（IMU）只用（　　　）就可以得到测量数据，而不需要任何外界帮助。

　　A. 内部传感器　　　　　B. 车速传感器　　　　　C. 轮速传感器　　　　D. 卫星定位信号

三、判断题

1. GPS 是由美国国防部研制建立的一种具有全方位、全天候、全时段、高精度的卫星导航系统。（　　　）

2. 北斗卫星导航系统于 2000 年年底建成北斗一号系统，向中国提供服务。（　　　）

3. 北斗使用了有源定位及无源定位相结合的技术，可以保证在不同的环境中进行准确定位。（　　　）

4. 北斗三号系统首创采用了 Ka 频段测量型星间链路技术。这项技术使所有北斗卫星连成一个网络，每颗星之间可以"通话"，可以测距，实现"一星通、星星通"的功能。（　　　）

5. DR 是利用车辆某一时刻的位置，根据航向和速度信息，推算得到当前时刻的位置。（　　　）

6. 惯性测量单元（IMU）是测量物体三轴姿态角或角速率以及加速度的装置。（　　　）

7. GPS/IMU 组合定位系统通过高达 100Hz 频率的全球定位和惯性更新数据，可以帮助智能网联汽车完成定位。（　　　）

8. GPS 和 IMU 组合是为了融合 IMU 的航向速度、角速度和加速度信息，来提高 GPS 的精度和抗干扰能力。（　　　）

项目五
智能网联汽车底盘线控技术

单元一　线控节气门系统结构原理

学习目标

1. 了解线控节气门系统的基本概念。
2. 了解线控节气门系统的结构原理。

一、底盘线控技术的定义

线控技术（X-by-wire technology），即用线（电信号）的形式来取代机械、液压或气动等形式的连接，从而不需要依赖驾驶员施加的力或者力矩输入的一种控制系统。底盘线控系统主要分为线控节气门（加速控制）、线控转向、线控制动、线控悬架、线控换档。图5-1所示为底盘线控系统的示意图。

图5-1　底盘线控系统示意图

二、线控节气门的定义及原理

线控节气门（Throttle-by-wire，TBW），即使用电信号的形式来控制节气门的一种电子控制技术。

线控节气门通过用导线来代替拉索或者拉杆，由加速踏板位置产生的电信号给ECU来进行发动机的运行控制。线控节气门主要由加速踏板和位移传感器、ECU、CAN数据总线、伺服电机和节气门构成。位移传感器安装在加速踏板内部，随时监测加速踏板的位置。当监测到加速踏板高度位置有变化时，会瞬间将此信息送往ECU，ECU对该信息和其他系统传来的数据信息（车速、车距、节气门开度、发动机转速等）进行运算处理，计算出一个控制信号，传送给伺服电机继电器，由伺服电机驱动节气门执行机构，数据总线则是负责系统 ECU 与其他 ECU 之间的通信。该系统的组成如图 5-2 所示。

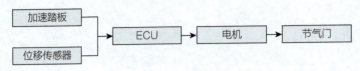

图 5-2　线控节气门系统组成

定速巡航系统是线控节气门的基础应用，凡具有定速巡航功能的车辆都配备了线控节气门。从发展阶段来看，目前线控节气门渗透率接近 100%，相对处于较成熟阶段。就算是传统燃油车，线控节气门也基本是标准配置，而混合动力和电动汽车更是完全采用线控节气门。因此在智能网联汽车底盘线控的应用中，线控节气门的加装与实现也相对容易。

线控节气门系统的国外供应商主要有博世、大陆、电装、Magneti Marelli、日立、Delphi Technologies、SKF 等，国内的供应商主要有海拉、联电、宁波高发、奥联电子、凯众股份等。

三、线控节气门的优势

1）舒适性、经济性好。线控节气门可根据驾驶员踩下踏板的动作幅度判断驾驶意图，综合车况精确合理控制节气门开度，以实现不同负荷和工况下发动机的空燃比都能接近于最佳理论状态，使燃油经济性和驾驶舒适性同时达到最佳状态。

2）稳定性高且不易熄火。线控节气门系统在收到踏板信号后会进行分析判断，再给节气门执行单元发送合适指令，保证车辆稳定行驶。

四、线控加速控制的应用

当前较为先进的线控加速控制应用技术为单踏板驾驶模式，目前该技术主要应用于纯电动汽车中。本书介绍的是日产汽车 e-Pedal 技术。

日产的 e-Pedal 是一个可开可关的全新驾驶模式，搭载于日产最新的聆风车型中，如图 5-3 所示。e-Pedal 模式开启后，驾驶员通过踩下、抬起和完全松开加速踏板，分别来完成加速、减速和制动操作。

图 5-3　日产 e-Pedal

在行驶中抬起加速踏板或完全松开加速踏板时，车辆尾灯会自动点亮，以警示正在制动。当松开加速踏板时，能量回收装置会将制动产生的能量进行回收。e-Pedal 模式能够更加节省电量的消耗，并进一步简化驾驶员驾驶方式。

单元二　线控转向系统结构原理

学习目标

1. 了解线控转向系统的基本概念。
2. 了解线控转向系统的工作原理。

一、线控转向系统的定义

线控转向（Steering-by-wire，SBW），即使用电信号的形式来控制转向的一种电子控制技术。

线控转向系统是在电动助力转向系统（EPS）的基础上发展而来的。线控转向系统相对于 EPS 具有冗余功能，并能获得比 EPS 更快的响应速度，如图 5-4 所示。对于 L3 及以上的自动驾驶汽车来说，自动驾驶控制系统对于转向系统要求控制精确、可靠性高，只有线控转向技术可以满足要求，线控转向系统逐渐成为汽车转向系统未来的发展趋势。

图 5-4　线控转向系统示意图

二、电动助力转向系统结构原理

电动助力转向系统（EPS）主要由 ECU、转向力矩传感器、助力电机和减速机构等组成。电动助力转向系统组成如图 5-5 所示。其工作原理是驾驶员在转动转向盘时，力矩传感器检测到转向盘的转向以及力矩大小，将相应的电压信号输送到 ECU 进行计算并向转

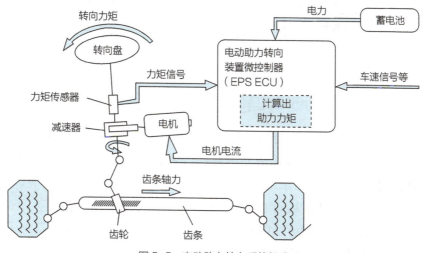

图 5-5　电动助力转向系统组成

向电机控制器发出指令，使电机输出相应大小和方向的转向力矩，从而产生助力。

EPS 系统根据助力电机的安装位置不同，又可分为转向轴助力式、齿轮助力式、齿条助力式三种模式。电动助力转向有两种实现方式，一种是对转向柱施加助力，是将助力电机经减速增矩后直接连接在转向柱上，电机输出的辅助力矩直接施加在转向柱上，相当于电机直接帮助驾驶员转动转向盘。另一种是对转向拉杆施加助力，是将助力电机安装在转向拉杆上，直接用助力电机推动拉杆使车轮转向。后者结构更为紧凑、便于布置，目前使用比较广泛。线控转向系统主要分为以下三个部分：

1）转向盘系统。包括转向盘、力矩传感器、转向角传感器、力矩反馈电机和机械传动装置。

2）电子控制系统。包括车速传感器，也可以增加横摆角速度传感器、加速度传感器和电子控制单元以提高车辆的操纵稳定性。

3）转向系统。包括角位移传感器、转向电机、齿轮齿条转向机构和其他机械转向装置等。

转向盘将驾驶员或车辆计算平台的转向意图通过传感器转换成数字信号，随后传递给转向齿条执行机构。同时，根据不同的车速及驾驶工况提供模拟的转向盘力矩反馈，从而实现转向盘的回正以及驾驶员手感等功能。转向齿条执行机构则从转向盘执行机构接收信号，并根据驾驶员的转向意图将转向盘角度信号转换成轮胎的摆动，控制助力电机工作，从而对转向系统进行控制。其系统组成如图 5-6 所示。

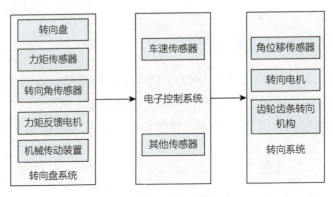

图 5-6　线控转向系统组成

三、线控转向系统和电动助力转向系统的区别

线控转向系统取消了转向盘与车轮之间的机械连接，用传感器获得转向盘的转角数据，然后通过 ECU 处理计算并输出驱动力数据，用电机推动转向机转动车轮。而电动助力转向系统则根据驾驶员的转角来增加转向力。线控转向系统的优势主要有以下几点：

1）省略了转向系统功能模块间的机械连接，降低了车辆的噪声和振动。

2）节省空间，省下的空间可以用来布置传感器、计算单元或其他信息娱乐系统。

3）消除了碰撞事故中转向柱后移伤害驾驶员的安全隐患。

4）转向盘转角和转向力矩可以独立设计，实现不同主观驾驶感受的转向感，提高驾驶性能。

四、线控转向系统的应用

本书介绍的应用于量产车型的线控转向系统为英菲尼迪 Q50 轿车的线控主动转向（DAS）技术。

DAS 系统使用三组 ECU 根据转向盘的转动来将信号传递给三组电机，再由其中两组电机来控制车轮的转动角度和速度，一组电机用来模拟路面的回馈力，另外还留有一组机械结构以备在三组 ECU 均发生故障时作为备用。信号发送到驱动电机，驱动电机控制转向杆实现转向。其系统组成如图 5-7 所示。

图 5-7　英菲尼迪 DAS 系统组成

1. DAS 系统组成

（1）前轮转向模块

前轮转向模块包括前轮转角传感器、转向执行电机、电机控制器和前轮转向组件等。其功能是将测得的前轮转角信号反馈给主控制器，并接受主控制器的命令，然后控制完成转向盘所要求的前轮转角，实现驾驶员的转向意图。

（2）主控制器

主控制器对采集的信号进行分析处理，判别汽车的运动状态，向转向盘回正电机和转向电机发送命令，控制两个电机协调工作。主控制器还可以对驾驶员的操作指令进行识别，判定在当前状态下驾驶员的转向操作是否合理。当汽车处于非稳定状态或驾驶员发出错误指令时，前轮线控转向系统将自动进行稳定控制或将驾驶员错误的转向操作屏蔽，以合理的方式自动驾驶汽车，使汽车尽快恢复到稳定状态。

（3）转向盘模块

转向盘模块包括转向盘组件、转向盘转角传感器、力矩传感器、转向盘回正力矩电机。其主要功能是将驾驶员的转向意图（通过测量转向盘转角）转换成数字信号并传递给主控制器，同时主控制器向转向盘回正电机发送控制信号，产生转向盘回正力矩，以提供给驾驶员相应的路感信息。

（4）自动防故障系统

自动防故障系统是线控转向系统的重要模块，它包括一系列的监控和实施算法，针对不同的故障形式和故障等级做出相应的处理，以求最大限度地保持汽车的正常行驶。作为应用最广泛的交通工具之一，汽车的安全性是必须首先考虑的因素，是一切研究的基础，因而故障的自动检测和自动处理是线控转向系统最重要的功能之一。它采用严密的故障检测和处理逻辑，以最大限度地提高汽车安全性能。

驾驶员通过操纵转向盘，把转角和力矩信号传给主控制器，主控制器接收车辆状态信息并按照预设程序对转角和力矩信号进行处理，输出激励信号给转向执行电机，以使车辆转向。另一方面，路感反馈信号亦传给主控制器，主控制器对其处理后向路感反馈电机发出激励信号，路感反馈电机便能模拟传统转向系统的路感信息，从而使驾驶员获取转向路感。车载网络承担了整个系统的信号传递工作，使采集到的各个信号形成一个有机整体。

2.DAS 系统的特点

（1）反应速度快

DAS 摒弃了传统的机械结构，改由电子信号控制，由于反应速度快，可以让驾驶员的操控感受更直接。应用这项技术的车辆在弯道行驶时，更容易达到理论上的最佳行驶路线。

（2）舒适性好

没有了机械连接的"负担"，这套系统将过滤掉多数不必要的振动。也就是说当行驶在崎岖路面，特别是车辙比较明显的道路上时，转向盘不会再因路面的剧烈变化而产生过度振动，驾驶员能更平稳地把控转向盘。而且不必担心路感问题，ECU 在收集到路面情况以及车辆跳动信息后，会发送电子信号指令给转向回馈动作器，随后转向回馈动作器会模拟出当下车辆行驶所处环境需要的回馈力度。

（3）提高汽车安全性能

除去了转向柱等机械连接，完全避免了撞车事故中转向柱对驾驶员的伤害。智能化的 ECU 根据汽车的行驶状态判断驾驶员的操作是否合理，并做出相应的调整，当汽车处于极限工况时，能够自动对汽车进行稳定控制。万一电子系统出现故障也可以手动操纵车辆，因为进行控制的 ECU 设置了三组，互相起到备用作用，一旦某组出现问题马上就会有备用系统发挥作用。如果三组全部出现故障，则转向柱与转向机之间的离合器会立即接合，形成与传统转向系统相同的结构，以保证正常驾驶。

（4）改善驾驶特性，增强操纵性

基于车速、牵引力控制以及其他相关参数基础上的转向比率（转向盘转角和车轮转角的比值）不断变化，低速行驶时，转向速比低，可以减少转弯或停车时转向盘转动的角度；高速行驶时，转向速比变高，可以获得更好的直线行驶条件。

（5）可选择驾驶感受及扩展功能

DAS 系统还可以与驾驶模式选择（Drive Mode Selector）技术协同工作，为驾驶员提供 4 种不同的预设驾驶模式以及 1 个自定义驾驶模式选择功能。这样可以让驾驶员依照不同的驾驶习惯以及路面情况改变车辆转向系统的反应。此外 DAS 系统还可以与车道保持系统配合，当位于车辆内后视镜后部的摄像头发现车辆偏离车道时，DAS 系统会适时启动并自动输入转向信号，帮助车辆回到正确的行驶轨迹上，从而避免事故的发生。

单元三　线控制动系统结构原理

学习目标

1. 了解线控制动系统基本概念。
2. 了解线控制动系统结构原理。

线控制动系统结构原理

一、线控制动系统的定义

线控制动（Break-by-wire，BBW）是使用电信号的形式来控制制动的一种电子控制技术，如图 5-8 所示。线控制动技术是底盘线控技术中难度最高的技术，也是最关键的技术。

图 5-8　线控制动系统

二、电子液压制动系统

　　随着防抱死制动系统（ABS）、车身稳定控制系统（ESP）等的不断发展，线控制动系统慢慢在传统的制动系统上发展起来。液压式线控制动（Electro-Hydraulic Brake，EHB）以传统的液压制动系统为基础，用电子器件代替一部分机械部件的功能。EHB 用制动液作为动力传递媒介，控制单元及执行机构布置得比较集中，有液压备份系统，也可以称之为集中式、湿式制动系统。电子液压制动系统组成如图 5-9 所示。

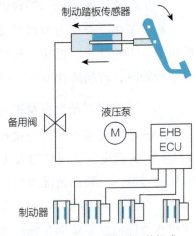

图 5-9　电子液压制动系统组成

　　线控制动系统主要由制动踏板位置传感器、电子控制单元（ECU）、执行器等部件组成。正常工作时，制动踏板与制动器之间的液压连接断开，备用阀处于关闭状态。电子踏板配有踏板感觉模拟器和电子传感器，ECU 可以通过传感器信号判断驾驶员的制动意图，并通过电机驱动液压泵进行制动。如果电子控制系统发生故障，备用阀打开，EHB 系统变成传统的液压制动系统。

　　备用系统增加了制动系统的安全性，使车辆在线控制动系统失效时还可以进行制动。但是由于备用系统中仍然包含复杂的制动液传输管路，使得 EHB 并不完全包含线控制动系统产品的优点。

三、电子机械制动系统

　　电子机械制动系统（Electro-Mechanical Brake，EMB）是一种不需要制动液和液压部件的制动系统，其制动力矩完全通过安装在车轮上的由电机驱动的执行机构产生。EMB 系统的 ECU 根据制动踏板位置及车速等车辆状态信号，驱动和控制执行机构电机来产生所需要的制动力。其系统组成如图 5-10 所示。

图 5-10　电子机械制动系统组成

四、电子机械制动系统的优势

　　1）执行机构和制动踏板间无机械或液压连接，缩短了制动器的作用时间，有效减小了制动距离，大大提高了系统的响应速度。

　　2）不需要制动助力器，节省了空间，增强了布局的灵活性，便于装配及维护。

　　3）不需要制动液，可以减轻系统的质量并且较为环保。

　　4）在 ABS 模式下无回弹振动，可以消除噪声。

5）可以更好地集成电子驻车制动等功能。

五、线控制动系统的应用

本书介绍的线控制动系统为博世公司的 iBooster（智能助力器），iBooster 集成了各种传感器、控制器，使其整体体积较小，因此安装方便，同时还能节省空间和减轻重量。iBooster 系统是电子液压制动系统的典型代表。其系统组成如图 5-11 所示。

图 5-11　博世公司 iBooster 组成

当驾驶员踩下制动踏板，连杆作用使得输入推杆产生位移，踏板行程传感器检测到输入推杆位移产生的信号，并将其信号发送至电机控制器，电机控制器计算出直流无刷电机应产生的转矩，并将信号发送给直流无刷电机，直流无刷电机接收到信号后利用二级齿轮装置将转矩转化为伺服制动力，配合上驾驶员踩下制动踏板产生的推杆力一起作用，在制动主缸内共同转化为制动器轮缸液压力来实现制动。其工作过程为：踏板制动→提供位移信号→电机转动提供助力→实现制动。

iBooster 采用了双安全失效模式。第一道安全失效模式将两种故障情况考虑在内。如果车载电源不能满负载运行，那么 iBooster 则以节能模式工作，以避免给车辆电气系统增加不必要的负荷，同时防止车载电源发生故障。万一 iBooster 发生故障，ESP 系统会接管并提供制动助力。在上述两种情况下，制动系统均可在 200N 的踏板力作用下提供 0.4g 的减速度，在更大踏板力乃至完全减速时同样如此。在第二道安全失效模式，如果车载电源失效，即断电模式下，则可通过机械系统作为备用，驾驶员可以通过无制动助力的纯液压模式对所有车轮施加制动力，使车辆安全停止，同时满足所有法规要求。

iBooster 还为驾驶辅助系统带来了很多的便利。通过电机工作，iBooster 能够实现主动建压，而不需要驾驶员踩下制动踏板。与典型的 ESP 系统相比，获得所需制动力的速度提高了三倍，并且可通过电子控制系统进行更加精确的调节。这对自动紧急制动系统是一个巨大优势。在紧急情况下，iBooster 可在约 120ms 内自动建立全制动压力。这不仅有助于缩短制动距离，还能在碰撞无法避免时降低撞击速度和对当事人的伤害风险。

此外，iBooster 还能支持自适应巡航控制（ACC）模式，帮助驾驶员进行舒适制动直至车辆完全停止，在此过程中驾驶员几乎察觉不到振动和噪声。对于电动汽车来说，该模式具有十分显著的优势，因为环境噪声在电动汽车中会更加明显。

六、实训操作

实训项目名称：底盘线控系统安装调试。

1. 实训目标

1）能够按照要求安装底盘线控系统。

2）能够识读底盘线控系统电路图。

3）能够完成底盘线控系统的调试。

2. 实训物品准备（表 5-1）

表 5-1　实训物品准备

序号	工具 / 设备 / 耗材名称	使用数量	备注
1	底盘线控系统套件		
2	底盘线控系统实训台		
3	维修工具套件		
4	万用表		
5	示波器		

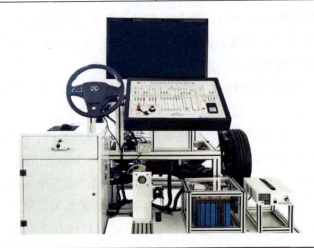

3. 实训注意事项

1）检查实训场地是否整洁，有无安全隐患。

2）检查实训设备是否完整、工作是否正常。

3）检查维修工具和仪器是否完整、功能是否正常。

4）规范操作，禁止随意启动设备。

5）完成实训项目后切断电源，整理工具设备，清洁作业场地卫生。

4.底盘线控系统安装调试实训操作记录

1）安装底盘线控系统并写出安装步骤：

2）绘制底盘线控系统连接电路图：

3）读取底盘线控系统运行数据，并判定系统工作是否正常：

复　习　题

一、填空题

1.汽车线控技术是用线 _____ 的形式来取代机械、液压或气动等形式的连接，从而不需要依赖驾驶员的力或者力矩输入的一种控制系统。

2.线控节气门系统在收到踏板信号后会进行 _____，再给节气门执行单元发送合适指令，保证车辆稳定行驶。

3.汽车的 EPS 系统根据助力电机的安装位置不同，可分为 _____、_____、_____ 三种模式。

4.线控转向系统的转向盘模块主要包括转向盘组件、_____、_____、_____ 等部件。

5.线控转向系统的 _____ 能模拟传统转向系统的路感信息，从而使驾驶员获取转向路感。

6.当线控制动系统发生故障时，_____ 打开，EHB 系统变成传统的液压系统。

二、选择题

1.线控节气门系统主要由（　　　）等部件构成。

　　A.加速踏板和位移传感器　　　　　　　B.ECU

　　C.数据总线　　　　　　　　　　　　　D.电动节气门

2.线控转向系统是在 EPS 系统的基础上发展而来的，线控转向系统相对于 EPS 具有（　　　）功能，并能获得比 EPS 更快的响应速度。

　　A.冗余　　　　　　B.自诊断　　　　　　C.指示灯　　　　　　D.自动驾驶

3. 电动助力转向系统（EPS）主要由（　　　）等部件组成。

A. 转向控制单元（ECU）　　　　　　　　　B. 转向力矩传感器

C. 助力电机　　　　　　　　　　　　　　　D. 减速机构

4. 线控转向系统的前轮转向模块包括（　　　）等部件。

A. 前轮转角传感器　　B. 转向执行电机　　C. 电机控制器　　D. 前轮转向组件

5. 电子机械制动系统（EMB）是一种不需要（　　　）的制动系统，其制动力矩完全是通过安装在 4 个轮胎上的由电机驱动的执行机构产生。

A. 制动液　　　　　B. 液压部件　　　　C. 制动踏板　　　　D. 力矩传感器

6. 博世公司的 iBooster 系统通过电机工作，能够实现（　　　），而不需要驾驶员踩下制动踏板。

A. 自动制动　　　　　B. 自恢复　　　　　C. 自运转　　　　　D. 主动建压

三、判断题

1. 汽车的底盘线控系统主要分为线控节气门、线控转向、线控制动、线控悬架、线控换档。　　　　　　　　　　　　　　　　　　　　　　　　　　（　　　）

2. 线控节气门通过用导线来代替拉索或者拉杆，由加速踏板位置产生的电信号给 ECU 来进行发动机控制。　　　　　　　　　　　　　　　　　　　（　　　）

3. 对于 L3 及以上的自动驾驶汽车来说，自动驾驶控制系统对于转向系统等要求控制精确、可靠性高，只有线控转向可以满足要求。　　　　　　　（　　　）

4. 转向齿条执行机构从转向盘执行机构接收信号，并根据驾驶员的转向意图将转向盘角度信号转换成轮胎的摆动，控制助力电机工作，从而对转向系统进行控制。　　　　　　　　　　　　　　　　　　　　　　　　　（　　　）

5. 自动防故障系统是线控转向系统的重要模块，它包括一系列的监控和实施算法，针对不同的故障形式和故障等级做出相应的处理，以求最大限度地保持汽车的正常行驶。　　　　　　　　　　　　　　　　　　　（　　　）

6. 线控制动技术是底盘线控技术中难度最高的技术，也是最关键的技术。（　　　）

7. 随着防抱死制动系统（ABS）、车身稳定控制系统 ESP 等的不断发展，线控制动系统慢慢在传统的制动系统上发展起来。　　　　　　　　　　（　　　）

8. 在紧急情况下，博世公司的 iBooster 可在约 120ms 内自动建立全制动压力。这不仅有助于缩短制动距离，还能在碰撞无法避免时降低撞击速度和对当事人的伤害风险。　　　　　　　　　　　　　　　　　　　　（　　　）

项目六
智能网联汽车车联网技术

▌单元一　V2X 技术认知

学习目标

1. 了解 V2X 技术的基本概念。
2. 了解 V2X 车辆通信系统的结构原理。

一、V2X 技术的发展

随着汽车技术的不断发展，全球车联网产业进入快速发展阶段，信息化、智能化引领全球车联网服务需求逐渐加大。目前中国、俄罗斯、西欧和北美等国家和地区 70% 以上的新组装车辆都已配备互联网接口。2017 年全球联网车辆数量约为 9000 万辆，2020 年增至 3 亿辆左右，预计到 2025 年将突破 10 亿辆。从车载信息服务平台应用规模来看，目前已形成数百家规模厂商，例如安吉星全球用户已突破 700 万人。2023 年中国车联网产业规模为 2887.2 亿元，已成为全球最重要的车联网市场。未来，与大数据、云计算等技术创新融合将加快车联网市场的渗透。

车联网是以车内网、车际网和车载移动互联网为基础，按照约定的通信协议和数据交互标准，在车 –X（X：车、路、行人及互联网等）之间，进行无线通信和信息交换的系统网络，是能够实现智能化交通管理、智能动态信息服务和车辆智能化控制的一体化网络。当前 V2X 领域主要存在两大通信技术，一种是专用短程通信汽车自组网技术，另一种是 C–V2X 技术。其系统示意图如图 6–1 所示。

图 6–1　车联网技术示意图

二、V2X 车辆通信系统的构成

　　车辆通信系统一般由车载单元（On-Board Unit，OBU）、路侧单元（Road-Side Unit，RSU）以及专用短程通信协议三部分组成。汽车通信主要包括 OBU 之间的通信（V2V）、OBU 与 RSU 之间的通信（V2R）、车载单元 / 路侧单元和通信基础设施接入互联网的通信（V2I）以及车载单元 / 路侧单元和云端网络的通信（V2N）。

1. 车载单元

　　车载单元是汽车通信的车载终端，如图 6-2 所示。它主要由通信处理器、射频收发器、GPS 接收器 / 处理器、车辆 CAN 总线、数据存储器、显示器等组成。其作用主要是接收、存储、定时更新汽车的相关行驶数据，如车速、对方车速、相对车速、行驶方向、对方行驶方向、相对方向、车距、制动信号等，并向其他车辆或路侧单元发送汽车行驶数据，对行驶状况给出预警显示。

图 6-2　车载单元

2. 路侧单元

　　路侧单元一般是指安装在路口交通设施旁或道路旁边的汽车通信设备，主要由通信处理器、射频收发机、数据存储器、交换处理器、通信网关（如需接入其他制式的网络）等组成，一般支持较大容量的信息处理和交换，主要用于交通设施与汽车的通信、交换交通信息（包括交通信号、路况信息等）、提示告警等。LTE-V 的路侧站还可以通过有线或无线网络与其他站进行数据交换，以及通过光纤等接入交通管理中心或者 TSP 服务中心（远程信息处理服务提供者）。大唐公司的路侧单元如图 6-3 所示。

图 6-3　路侧单元

3. 专用数据链路

　　专用数据链路主要是指采用 802.11p 或 LTE 制式的用于汽车通信的无线链路，目前主要有 5.9GHz 频段（5.85~5.925GHz，共 75MHz 频宽）。

▌单元二　专用短程通信汽车自组网技术认知

学习目标

1. 了解专用短程通信汽车自组网的基本概念。
2. 了解专用短程通信汽车自组网的技术特点与应用。

一、专用短程通信汽车自组网技术概要

专用短程通信汽车自组网技术目前主要是使用 5.9GHz 频段的类似 WiFi Mesh 的基于 802.11p、IEEE 1609、SAE J2735、SAE J2945 标准的汽车自组网专用短程通信（DSRC）技术。

专用短程通信汽车自组网技术让汽车可以周期性地双向发送、接收和交换、分享车辆的基本行驶信息。其中包括汽车当前的位置信息、行驶方向、当前车辆行驶速度、行驶路径和车辆的其他信息，并检测行人以及其他车辆与当前车辆的距离和危险程度，在必要时（如两辆汽车运行的轨迹有发生碰撞的危险）向双方驾驶员发出警告，警告则会显示在车载显示屏上，并通过语音提示或振动座椅及转向盘来提醒驾驶员。

专用短程通信汽车自组网技术可以让驾驶员清楚地知道周边行驶车辆（前后左右、附近）的位置和速度，并且不用担心会有障碍阻挡视线。即便有障碍物挡住也能十分清楚周边的交通状况。例如，当车辆行进时，可以清楚地了解到前方交通拥堵状况；在有障碍物挡住视线的路口，各个路口的车辆情况会显示在显示屏上；当在大型车后跟行时，从显示屏上也可以了解大型车前面的道路交通情况；在急弯的山路上行驶时，前后方车辆的情况均能实时更新。DSRC 系统示意图如图 6-4 所示。

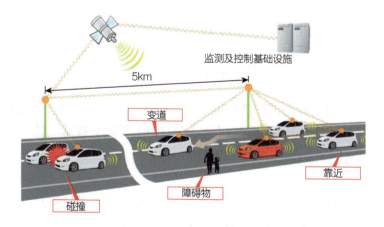

图 6-4　DSRC 系统示意图

二、专用短程通信汽车自组网技术的指标要求

专用短程通信汽车自组网技术是基于 802.11p、IEEE 1609、SAE J2735、SAE J2945 标准的汽车专用短程通信技术。

专用短程通信汽车自组网主要采用的无线频率是 5.9GHz 频段（美国）。其中，一般是 30M 频宽用于交通安全应用，40M 频宽用于交通效率管理等非安全类应用。专用短程通信汽车自组网的车载单元单节点覆盖范围最高 300m。专用短程通信汽车自组网的传输距离需要大于高速路上的安全车距，一般在 100m。路侧站的覆盖范围为 800~1200m。专用短程通信汽车自组网可支持高于 192km/h 的车速。

在响应速度方面，专用短程通信汽车自组网系统延迟时间要求小于 50ms，系统每秒发送 10 次信息，每次发送 11 个数据，包括汽车的 GPS 定位信息、加速度、制动状态、转向盘转角和当前车速等。通信速率一般为 2Mbit/s。专用短程通信汽车自组网系统属于网状网络技术，使用专用短程通信汽车自组网专用短程通信协议，可以支持 4~10 个节点的网状跳跃，大约可以收集 1.6km 范围内的车辆交通行驶状况。

三、专用短程通信汽车自组网技术的优势

1）采用分布式控制方式。

2）支持高速车辆，可支持高于 192km/h 的车速下的动态快速自组网，一般高速路的车速都在其支持范围。

3）可以随时建立网络，在没有其他通信设施的情况下使用。

4）无中心的点对点通信，不受固定拓扑结构的限制，不依赖于任何预设的网络基础设施，建网成本低。

5）DSRC 通信距离短，发射的数据量较少，发射功率较低，功耗和能源消耗较低，工作时长较长。

6）设备小巧，更换维护方便。

7）可以成为汽车的内生系统，与车内总线和车内系统协同性好。

四、专用短程通信汽车自组网技术的实际应用

2014 年 1 月在美国举行的国际消费电子展（CES）上，美国福特、通用等汽车大厂纷纷展示出各自最先进的基于专用短程通信汽车自组网的 V2V 技术。除了上述两家汽车厂商之外，本田、现代、奔驰、日产、丰田等众多汽车厂商均支持专用短程通信汽车自组网技术。

凯迪拉克推出的 CTS 车型是首款搭载 V2V 技术的量产车型，通过车辆之间的信息共享，驾驶员可以预知更多道路信息和潜在风险。其系统示意图如图 6-5 所示。

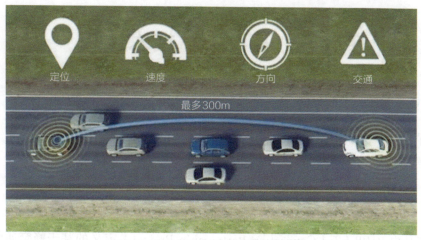

图6-5 凯迪拉克CTS车联网系统示意图

凯迪拉克的V2V系统基于GPS和DSRC技术，每秒最多可以实现1000次信息交互，有效距离达300m，这些信息包括位置、速度、方向和交通状况等。在凯迪拉克CTS上，这些收集到的信息可以通过车载CUE系统进行选择，驾驶员根据自己的喜好决定信息呈现在中控屏幕或是HUD上。

例如，同样搭载V2V系统的前方车辆发生事故，其危险警告灯开始闪烁时，该信息可以通过V2V网络传递给后方车辆，凯迪拉克CTS的仪表上会出现碰撞标志，提醒驾驶员前方发生碰撞，谨慎驾驶。凯迪拉克CTS V2V系统前方碰撞仪表提示如图6-6所示。

图6-6 凯迪拉克CTS V2V系统前方碰撞仪表提示

此外，凯迪拉克的V2V技术还可以与主动安全与辅助驾驶技术结合，包括自适应定速巡航、主动前后制动、前方碰撞缓解、道路偏离预警以及后方交通报警系统等。

▌单元三　LTE-V 技术认知

学习目标

1. 了解 LTE-V 技术的基本概念。
2. 了解 LTE-V 技术的结构原理。

一、C-V2X 技术概要

C-V2X是由3GPP（3rd Generation Partnership Project）定义的基于蜂窝通信的V2X技术，它包含基于LTE以及5G的V2X系统，是DSRC技术的有力补充。它借助已存在的LTE网络设施来实现V2V、V2N、V2I的信息交互。这项技术最吸引人的地方是它能紧跟变革，适用于更复杂的安全应用场景，满足低延迟、高可靠性和带宽要求。

2015 年初，3GPP 正式启动基于 C-V2X 的技术需求和标准化研究，2015 年初 3GPP 需求工作组开展了 C-V2X 需求研究，于 2016 年 3 月完成结项。2016 年初 3GPP 架构工作组启动 C-V2X 架构研究，于 2016 年底完成标准化。在 C-V2X 研究方面，3GPP 无线技术工作组于 2015 年 7 月启动 SI 立项，于 2016 年 6 月完成结项。2015 年 12 月，针对车车直连 V2X 标准项目"基于 LTE PC5 接口的 V2V"启动立项，并于 2016 年 9 月完成标准化。2016 年 6 月针对车路 / 车人等 V2X 标准项目"基于 LTE 的 V2X 业务"启动立项，于 2017 年 3 月顺利完成项目研究。2016 年 9 月，在 LTE 标准化机构 3GPP 第 73 次会议上，C-V2X 的 V2V 标准在 Release14 中正式冻结，这标志着 3GPP 完成了 LTE-V 第一阶段的标准，即基于终端直通（D2D）模式的车车通信（V2V）标准化，通过深入研究引入了更优化的物理层解调参考信号、资源调度、干扰协调等技术。2019 年 1 月，福特公司宣布放弃 IEEE 802.11p，选择 C-V2X（LTE-V2X）。2019 年 7 月，欧盟拒绝采用 WiFi 技术的 802.11p 作为唯一标准，选择 5G 作为车联网技术标准。2019 年 12 月，美国联邦通信委员会（FCC）发布消息，为 C-V2X 分配 20MHz 频谱资源，与中国相同。2020 年 11 月，FCC 对外发布消息，将重新规划 5.9GHz 频段，将 5.895~5.925GHz 的 30MHz 用作汽车安全应用，并指定使用 C-V2X 技术。

3GPP 提出的 C-V2X 技术标准在快速走向产业化，中国企业在 3GPP 中主导了部分 C-V2X 标准的制定及后续演进技术的研究。大唐基于自主研发的芯片级解决方案，于 2016 年 11 月发布了 C-V2X 车载终端和路侧通信测试设备，2017 年底发布基于 3GPP R14C-V2X 的预商用通信模组，商用芯片研发计划已纳入日程。华为在 2016 年推出了支持 C-V2X 的车载终端原型机，在 2019 年的世界移动大会上，华为端到端 C-V2X 车路协同商用解决方案荣获 2019 年最佳汽车移动创新大奖。C-V2X 技术示意图如图 6-7 所示。

图 6-7　C-V2X 技术示意图

二、LTE-V 技术概要

LTE-V 是基于 LTE 为车车通信、车路通信、车辆与城市基础设施通信专门开发的通信技术，是用于汽车通信的专用 LTE 技术，主要是指使用 5.9GHz 频段的基于 LTE 技术的用于汽车通信的 LTE Direct（直连）技术（蜂窝网络辅助的 LTE Direct D2D 技术）。LTE-V 技术主要采用半分布式 – 半集中式控制方式，通过蜂窝网络来辅助完成车载设备的发现，提供设备认证（快速发现周围具备相同功能的设备或用户）、链接建立和网络拥塞控制（管理设备通信干扰）；基于车辆优先级、绝对速度与相对速度，动态调整对控制信道的资源占用。通过调节单点的带宽，调节车车通信的资源配置，提高通信信道利用率和频谱效率以及网络 QoS 保障，提高车车通信的容量；提供动态预留控制信道资源，为紧急消息的快速有效分发提供支持；当紧急事件发生时，借助 eMBMS（增强型多媒体广播业务机制）分发安全信息，以降低车辆节点发送频率，避免拥塞。

三、LTE-V 技术的特点

1）采用半分布式 – 半集中式控制方式，网络性能好。

2）高速移动下的切换性能好，高可靠、低时延，安全可信的信息传输。

3）支持可扩展的系统架构。

4）基于商用成熟 LTE 技术的信道资源配置管理。

5）基于商用成熟 LTE 技术的网络拥塞控制和抗干扰能力。

6）配备了 QoS 网络环境，能够有效地分配网络带宽，更加合理地利用网络资源。

7）更好的通信信道利用率和频谱效率。它具有高带宽，可以支持更多的业务、应用和用户数。

8）可以灵活使用的接入技术。LTE-V 技术可以与 DSRC 技术集成起来使用。

9）基于现有蜂窝技术的扩展，与现有通信技术兼容性好。

10）LTE-V 技术相对更适合在车多的场合发挥作用。如在交通路口高密集的场景，同区域有大量的车辆时，用于汽车和交通设施之间的通信（V2I），交换车辆的基本行驶信息，防止和避免驾驶员闯红灯等交通违规情况并提醒交通路况。

四、LTE-V 技术的结构构成

LTE-V 主要由车载终端、路侧模块和数据平台组成。

1. 车载终端

车载终端主要包括通信芯片、通信模组、终端设备、V2X 协议栈及 V2X 应用软件。通信芯片是支持车辆进行数据通信的芯片，例如华为的 Balong765，以及高通的 9150 LTE-V2X 芯片组。通信模组提供将通信芯片及外围器件集成的功能，例如华为的 ME959、大唐公司自研的 DMD31、高新兴 GM556A 等。车载终端将安装在车辆中的通信模组以及其他电路进行集成。目前可提供车载终端的厂商较多，国内包括大唐、华为、德赛、中兴、万集科技等，国外包括大陆、博世、德尔福等企业。V2X 协议栈提供实现终端设备之间互联互通的 V2X 协议软件，使得不同厂商之间在通信上实现可靠的互联互通。目前可提供该服务的企业有东软、星云互联等。V2X 应用软件提供 V2X 应用软件开发和测试服务，协议栈或者终端提供商可以对 V2X 应用场景进行程序开发，涵盖安全类、效率类和信息类的应用。

2. 路侧模块

路侧模块主要包括 V2X 系统所定义的路侧单元（RSU）、感知单元和计算决策单元。路侧单元（RSU）是集成 C-V2X 功能的路侧网联设施，用以实现路与车、路与人、路与云平台之间的全方位连接。目前我国的路侧单元供应商主要来自于自主企业，包括大唐、华为、东软、星云互联等。路侧感知单元可由一系列路侧感知设备与处理设备构成，实现对本地交通环境和状态的实时感知，包括信号灯信息、交通参与者信息、交通事件信息、定位信息等。路侧计算决策单元在设备端有多种实现方式，可以融合到路侧单元内，可以是本地的移动边缘计算单元，也可以是区域的计算中心，负责对本地或区域的数据进行处理、存储，以及应用、服务的计算与发布。路侧电子交管设施主要包含交通信号控制、交通视频监视、交通流信息采集、交通违法监测记录、交通信息发布等类别。

3. 数据平台

数据平台可以汇聚多源数据，将 V2I/V2V/V2P 等各类应用数据进行深入分析、挖掘，提取关键信息，做出决策，并将决策指令及时推送到车载单元和路侧单元，为 C-V2X 系统高效运行提供必要支撑。此外，C-V2X 数据平台能够实现对接入网络的所有路侧设施、感知设备和智能网联汽车的监管，从全局角度掌握整体车、路运行态势，及时发现异常行为并可提前预警。目前，LTE-V 数据平台可以分为以下几种。

（1）交通行业数据平台

交通行业数据平台主要围绕交通监测与信息服务，致力于交通管理、道路运输和应用服务，例如北京市智能交通大数据共享服务平台。

（2）整车制造企业数据平台

整车企业联合系统平台开发商结合 V2X 技术共同建设大数据分析平台，充分利用更多的车联网数据进行分析、决策，提供智能辅助驾驶服务，并为其他系统提供获取模型分析结果的数据接口，满足了车联网数据使用者的需求，将车联网数据价值最大化，例如位于贵州的现代汽车集团（中国）大数据中心。

（3）网络运营商数据平台

网络运营商与通信设备商、汽车厂商深度合作，致力于推动远程驾驶、智能调度等云端协同的场景应用。

（4）高新科技企业数据平台

百度、华为、阿里巴巴、滴滴等高新科技企业同国内外的车企、运营商等相关合作伙伴一起致力于基础数据平台的研究和探索。

总体来说，当前车联网数据平台的搭建依托于智能交通及智能网联测试示范区、行业部门、企业建设，为车路协同系统提供服务，实现设施设备的全局管控和运行态势监测，共同实现 LTE-V2X 功能。

五、LTE-V 技术的应用

当前尚未有可量产的车辆搭载 LTE-V 技术，本书介绍的是中国大唐高鸿数据网络技术股份有限公司的 LTE-V 解决方案。

大唐高鸿公司从 2012 年起就开始研发具有自主知识产权的 LTE-V 技术产品，涵盖车载终端（OBU）、路侧终端（RSU）、C-V2X 云控平台、CA 安全认证解决方案等。其系统解决方案架构如图 6-8 所示。

车路协同云控子系统对 V2X 设备采集的信息进行交通大数据汇总，支撑丰富的大数据应用，同时实现对 V2X 设备的集中管控，进而实现对整个道路的实时动态管控。路段级车路协同管理系统对特定区域的信息进行汇聚，从而实现路段级的信息分发、交通诱导。RSU 是路侧基础设施的数据汇聚中心，实现路侧多源感知融合，实现道路状态的数字化；此外，RSU 还是道路管控信息的广播节点，实现道路资源的动态管控。OBU 是测试车辆的中央通信单元，通过 CAN 总线获取车辆基本状态，通过 PC5 通信实现车路协同。

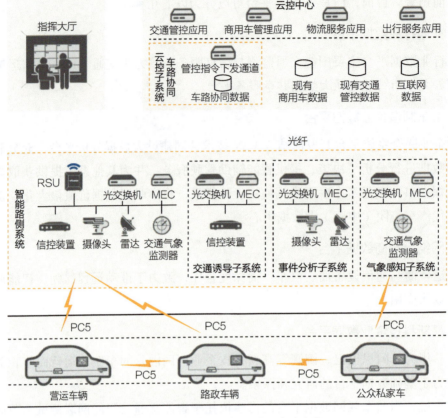

图 6-8　大唐高鸿公司 LTE-V 解决方案

单元四　5G-V2X 技术认知

学习目标

1. 了解 5G-V2X 技术基本概念。
2. 了解 5G-V2X 技术的特点与应用。

一、5G-V2X 技术概要

5G 是第五代移动通信技术的简称，是最新一代蜂窝移动通信技术。5G 网络的主要优势在于数据传输速率远远高于以前的蜂窝网络，最高可达 10Gbit/s，比当前的有线互联网更快，比先前的 4G LTE 蜂窝网络快 100 倍。它的另一个优点是较低的网络延迟、更快的响应时间，网络延迟低于 1ms，而 4G 的网络延迟为 30~70ms。由于数据传输更快，5G 网络将不仅为手机提供服务，还将成为一般性的家庭和办公网络提供商。

相对于目前的车联网通信技术，5G 系统的关键能力指标都有极大提升。5G 网络传输时延可达毫秒级，满足车联网对延迟的严苛要求，保证车辆在高速行驶中的安全；5G 的高峰值数据传输速率和高连接数密度，最高可达 100 万个 /km²，可满足未来车联网环境的车辆与人、交通基础设施之间的通信需求。

二、5G-V2X 技术的特点

1. 低时延与高可靠性

5G 超高密集度组网、低的设备能量消耗大幅地减小了信令开销，解决了带宽和时延相关问题。且 5G 的时延达到了毫秒级，满足了低时延和高可靠性需求，成为车联网发展的最大突破口。

2. 频谱和能源高效利用

频谱和能源的高效利用是 5G 用户体验的一个重要特征，5G 通信技术在车联网的应用将解决当前车联网资源受限等问题。频谱和能源高效利用主要包含以下几个特点：

1）D2D 通信方式通过复用蜂窝资源实现终端直接通信。5G 车载单元将基于 D2D 技术实现与邻近的车载单元、5G 基站、5G 移动终端的车联网自组网通信和多渠道互联网接入。通过这种方式可以提高车联网通信的频谱利用率，与基于 IEEE 802.11p 标准的车联网 V2X 通信方式相比，减少了成本的支出，节约了能源。

2）全双工通信。5G 移动终端设备使用全双工通信方式，允许不同的终端之间、终端与 5G 基站之间在相同频段的信道同时发送并接收信息，使空口频谱效率提高一倍，从而提高了频谱使用效率。

3）认知无线电。认知无线电技术是 5G 通信网络重要的技术之一。在车联网应用场景中，车载终端通过对无线通信环境的感知，获得当前频谱空洞信息，快速接入空闲频谱，与其他终端高效通信。这种动态频谱接入的应用满足了更多车载用户的频谱需求，提高频谱资源的利用率。其次，车载终端利用认知无线电技术可以与其他授权用户共享频谱资源，从而解决无线频谱资源短缺的问题。

除了上述特点外，最近的相关研究表明，在不影响通信性能的情况下，5G 基站的大规模天线阵列的部署有潜在的节约能源作用。其次，在车辆自组网中，5G 车载单元及时发现邻近的终端设备，且与之通信的能力也会减少 OBU 间通信的能源消耗。

3. 更加优越的通信质量

5G 通信网络拥有更高的网络容量，并且可为每个用户提供每秒千兆级的数据速率，以满足 QoS 的要求。5G 车联网 V2V 通信的最大距离大约为 1000m，从而可以解决 IEEE 802.11p 车辆自组网通信中短暂、不连续的连接问题，尤其是在通信过程中遇到大型物体遮挡的 NLOS 环境下。5G 车联网为 V2X 通信提供高速的下行和上行链路数据速率（最大传输速率为 1Gbit/s），从而使车与车、车与移动终端之间实现高质量的通信。与 IEEE 802.11p 标准通信相比，5G 车联网支持速度更快的车辆通信，其中，支持车辆最大的行驶速度约为 350km/h。

三、5G-V2X 技术的应用

本书介绍的 5G-V2X 技术的应用方案是中国华为技术有限公司的 5G 车联网技术方案。2020 年，国家发改委等部委联合印发的《智能汽车创新发展战略》指出，通过 5G 与车联网协同建设，推动道路基础设施、智能汽车、运营服务、交通管理指挥等信息互联互通。华为依托云、边、端整体技术优势，联合生态合作伙伴提供 5G 车联网解决方案，切实推动智能汽车产业持续健康发展。华为的 5G 车联网架构示意图如图 6-9 所示。

华为的 5G 车联网架构的端平台通过车辆与各种交通因素进行数据通信实现信息交互，可实现多种功能，例如紧急车辆优先通行、超视距预警、红绿灯引导、编队行驶、远程驾驶车辆等功能。边端使用华为的边缘计算平台，端平台将数据通过 RSU、雷达、摄像机传输给边缘计算平台进行计算。云端使用华为的云平台进行数据交互及处理，云平台可通过 5G 技术接收来自边缘计算平台的数据，并将数据传输至自动驾驶平台、车联网云端服务器和车辆接入平台，通过云端与地图数据、ITS、TSP、交通调度指挥中心、呼叫中心、远程驾驶操控中心、CP/SP 和车企平台进行数据交互。基于当前华为的 5G 车联网技术，可实现如下功能。

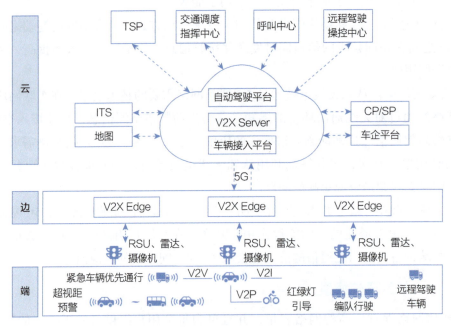

图 6-9　华为 5G 车联网架构示意图

1. 车路协同

智能网联汽车在道路上，需要实时获取周边交通流信息，实时决策和规划行驶路径，更低时延和更高可靠网络通信是安全行驶的保障。通过 5G 的大带宽、超高可靠、低时延特性，结合边云协同技术可以满足联网车辆在高速传输、高可靠性、低时延方面的严格要求。车路协同的两个典型应用为路口碰撞预警和紧急制动预警，其系统功能如图 6-10 所示。

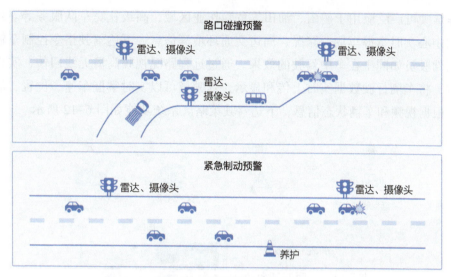

图 6-10　车路协同功能示意图

　　路侧单元通过 5G 实时接收智能网联汽车信息和从云端接收数据，并实时向路口附近车辆广播交通状况，提醒其调整驾驶行为，避免事故发生。当车辆以一定距离跟随前方车辆行驶过程中，前方车辆进行紧急制动，并将这一信息通过 5G 通信方式广播出来，跟随车辆便可基于此进行危险情况判断并对驾驶员进行预警。

2. 编队行驶

　　通过 5G 和边云协同技术，实现车辆编队行驶，低时延网络通信使车辆之间靠得更近，减低后车风阻，从而节省燃油，提高货物运输效率。例如在高速公路中，多辆货车进行编队行驶，实时编组实现无人驾驶，调度中心云平台优先制定车辆路径和车速优化策略，并通知车辆，提高货物的运输效率。如车辆进入隧道，云平台负责接管车辆，将同一车道内的前后车辆编队，保持一定车速与车距，顺序行驶。系统功能如图 6-11 所示。

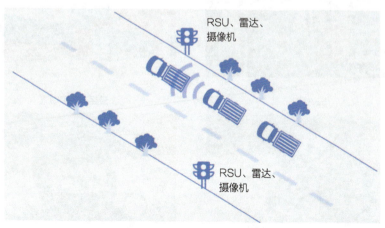

图 6-11　编队行驶功能示意图

3. 远程驾驶

远程驾驶可广泛应用于矿山、油田等危险作业区域、高级礼宾车队服务等。驾驶员在远程控制中心实时掌握车辆、路况、周边交通环境等信息，下达驾驶指令控制车辆行驶动作，达到驾驶员如同坐在车中驾驶的效果。通过远程路况视频高清无线回传，实现远程监控和录像，将车辆行驶数据实时上传和显示，驾驶员可以实时掌握车速、位置、油耗等信息，然后根据视频和车辆状态信息，下达驾驶策略。系统功能如图 6-12 所示。

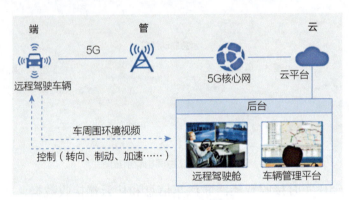

图 6-12　远程驾驶功能示意图

4. 低速无人驾驶

目前大部分无人驾驶的应用限于低速与限定场景，如在物流、共享出行、公共交通、环卫、港口码头、矿山开采、零售等领域展开应用。华为云提供云、AI、5G 组合方案，提供算法开发与模型训练服务，加速开发效率和商用节奏。应用主要包括园区摆渡车、港口货运、市政环卫、最后一公里物流等应用。低速无人驾驶功能如图 6-13 所示。

园区摆渡车

港口货运

市政环卫

最后一公里物流

图 6-13　低速无人驾驶功能示意图

1）园区摆渡车：在园区封闭或半封闭环境中，基于自动驾驶技术提供接驳服务。

2）港口货运：基于自动驾驶货车提供集装箱运输服务，主要应用在码头，运输任务主要是岸桥和集装箱堆场之间的运输。

3）市政环卫：将自动驾驶技术与环卫车进行结合，用于无人化的市政道路清洁。

4）最后一公里物流：面向快递、外卖、闪送等场景，将自动驾驶技术应用于快递车、配送机器人等，实现无人化的末端配送。

单元五　车载 OTA 系统认知

学习目标

1. 了解车载 OTA 系统基本概念。

2. 了解车载 OTA 系统技术架构。

3. 了解车载 OTA 系统升级内容。

一、OTA 系统简介

近年来，智能传感器、大数据、人工智能、5G 通信等技术快速发展，汽车产业也在经历了史无前例的变革，汽车 OTA 远程升级逐渐进入大家的视野。OTA（Over the Air，空中下载）概念中的所谓"空中"指的是远程无线方式，通过移动通信 GSM 或 CDMA 的空中接口对 SIM 卡数据及应用进行远程管理。以前传统汽车上的发动机、底盘等硬件是汽车的主体，而在智能网联汽车上，软件的地位和规模在不断提高，占据的比重越来越大。伴随着软件的发展和更新，软件需要不断升级。因此，OTA 作为智能网联汽车必备的基础能力之一，其价值也在行业内逐渐达成共识，越来越多的车企将远程升级纳入智能网联汽车战略规划中。车载 OTA 技术可以理解为一种远程无线升级技术，OTA 远程升级可以不断拓展车辆的功能，并对现有功能进行优化。简单来说，没有 OTA 远程升级的汽车，在车辆的整个生命周期内，其功能和体验都是一样的；而具备 OTA 远程升级系统的汽车，车辆会不断完善自身功能，提升驾驶体验。

软件的架构大致可以分为驱动层、系统层和应用层三部分。不同层级的内容也不相同，而且对于硬件的影响也是不同的。这就像手机上某个应用程序升级失败，但不会影响到其他 APP 功能的正常使用。计算机或者手机的系统升级通常分为固件版本在线升级（FOTA）和应用软件升级（SOTA）两种。FOTA 是对驱动系统的升级，是涉及硬件的，如果刷写失败，硬件就会失去功能。行业里常规所说的整车升级，就是基于 FOTA 技术的。SOTA 更偏向于应用软件的升级。SOTA 是在操作系统的基础上对应用程序进行升级，整个过程相当于在计算机上对一个程序进行了升级。

目前大多数汽车如果要更新软件系统，通常需要将它送到当地的汽车经销商处或4S店进行升级。特斯拉电动汽车是少数的例外，它能通过无线网络实现升级更新软件。车载OTA从功能上来说主要分为解决车辆的潜在问题、全新功能导入、化解安全风险三个方面。

1. 解决潜在问题

在汽车行业当中，召回是时有发生的事情，几乎各大汽车厂商都有召回旗下某款车型的情况。当车辆出现故障或问题时，制造商会以有效的方式通知经销商、4S店、维修中心、车主等相关方关于车辆缺陷的具体情况以及消除缺陷的方法等事项，并由制造商组织经销商、4S店、维修中心等通过修理、更换、退货等具体措施消除其汽车产品缺陷。车企如果能够通过空中升级方式解决车辆的软件问题，就可以大大节省汽车厂商的召回费用和车主的等待时间。

2. 全新功能导入

当一辆车想要增加新的功能或配置时，很多人的第一想法都是换辆新车或者送到4S店，这样无疑会给用户带来很大的经济成本和时间成本。而具备OTA系统的车辆，在汽车厂商研发出新的应用程序或人机交互体验时，对于在用车辆的技术升级就可以通过OTA完成车辆新功能的更新导入，大大节省了广大车主的成本和时间，同时也提高了汽车厂商的工作效率和经济效益。

3. 化解安全风险

随着5G技术、互联网技术、软件技术与汽车产业的不断融合，软件定义汽车的时代已经来临。作为交通工具的汽车，逐渐由机械驱动的机器向软件驱动的电子产品过渡。汽车对人类而言，不再只是简单的交通工具，而是多元生活的空间延伸。汽车的电子部分和软件部分重要性变强，也就意味着整车的复杂程度提高了，软件代码行数像滚雪球一样不断增长。和硬件相比，软件是汽车上迭代速度最快、最容易实现个性化的部分，也是需要进行安全系统管理的重要组成部分。OTA是化解安全风险的良好手段，可在第一时间通过空中升级修复软件安全漏洞，把系统风险降到最低甚至是消除。

特斯拉汽车从诞生之初就带有OTA功能，是全球率先可以实现整车OTA的车型之一。就像Windows每次的系统更新，可以让计算机拥有更多功能、提升性能、改善视觉效果等，这种更新升级是通过联网后在线检测、匹配版本、下载新代码到本地执行安装、校验等程序完成的，可以视为PC版的OTA。车载OTA系统简而言之就是"在线升级"。

二、车载 OTA 架构

汽车OTA主要分为固件在线升级（FOTA）和软件在线升级（SOTA）两类，前者是一个完整的系统性更新，后者是迭代更新的升级。汽车OTA架构主要包含云端服务器和车辆终端两部分，如图6-14所示。

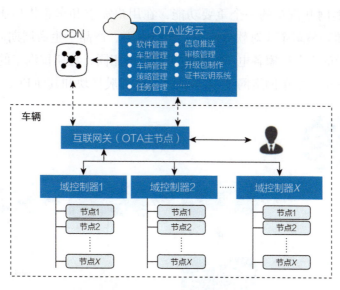

图 6-14 车载 OTA 架构

OTA 云端服务器为车载终端提供 OTA 服务，主要管理各个软件供应商的原始固件升级软件。出于安全考虑，需要构建一个独立的子模块，负责 OTA 服务平台的安全，包括密钥证书管理服务、数据加密服务、数字签名服务等。车辆终端 OTA 组件主要对升级包进行合法性验证，适配安全升级流程。

OTA 云端服务器能够对车辆的动力控制系统、安全控制系统、车身控制系统、底盘控制系统、信息系统和智能车载系统提供 OTA 服务，如图 6-15 所示。

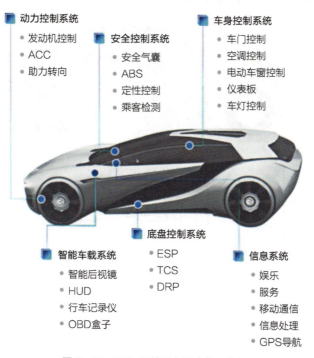

图 6-15 OTA 云端服务器功能示意图

OTA 也是智能网联汽车的一个重要功能，在用户需求和车企售后服务时都需要用到它。这项技术将随着整车企业对软件能力、网络能力、产品全生命周期需求的把握，变得越来越重要。不同的汽车厂家各电子模块的作用也不相同，特斯拉汽车的 OTA 架构主要是围绕中控屏、仪表板、整车网络网关、Autopilot自动驾驶模块和其他ECU，如图6-16所示。

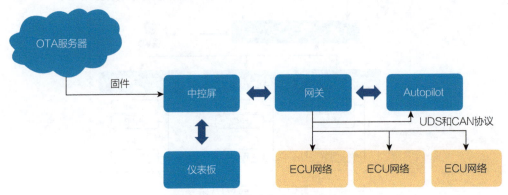

图 6-16　特斯拉汽车 OTA 架构

从车端建设的角度来看，车端的主要目标是在复杂众多的汽车电子系统基础上抽象建立统一的 OTA 体系规范，如图 6-17 所示。首先是对汽车整体架构的把控，包含升级目标、主控选择和流程设计；第二个方面要结合车内总线进行规划，因为汽车内部的总线体系种类繁杂，要充分考虑传输协议定义、HMI 协议等工作；第三方面，对于升级目标的每个ECU，还要评估和考虑其电气性能，以确保升级在目标节点的有效性和效率，这其中可能包括 CPU 的能力、升级内存及存储空间的大小等。

图 6-17　车端 OTA 体系建设

三、车载 OTA 工作流程

1. 管理和生成相关文件

云端服务器是负责监测整个 OTA 过程的主要单元。它要确定更新哪些车辆，是否与车辆建立可靠的连接，生成一个可靠的可信通道，还要实时掌握通信信息，然后把固件包或者更新包从软件库里面提取出来，之后确定分发包的更新顺序，管理整个OTA进程，并在完成后进行校验。首先通过移动网络（3G/4G/5G）建立车辆与服务器之间的安全连接，确保全新的、待更新的固件安全地传输到车辆的远程信息处理系统，然后再传输给OTA管理器。OTA管理器负责管理车辆所有ECU的更新过程。

2. 分发和检查

云端服务器要做加密渠道分发，在车辆端由计算能力强大并有足够存储空间的控制器进行下载、验证和解密。与服务器相对应的设有作业管理器，负责报告当前状态和错误信息，每个更新作业都有一个用于跟踪使用情况的作业ID。它控制着将固件更新分发到ECU，并告知ECU何时执行更新。在多个ECU需要同时更新的情况下尤为重要，例如推送一项新功能，而该新功能涉及多个ECU。更新过程完成后，OTA管理器将向服务器发送确认信息。

3. 更新和刷新安装

整车企业在决定FOTA前需要做完备的考虑。OTA管理器内部有一个表格，包含各个车辆ECU的相关信息，如SN号以及当前的固件版本。这样便于OTA管理器核实接收到的固件升级包并确保是通过授权的。以特斯拉为例，通过使用运算的联网模块（如仪表板、中控台等）实现对整个进程的监控，将更新文件刷入ECU。对于仪表板来说，每一步操作都会监控整个机制是否完整，并保证能随时停止和重新写入，只要对应的ECU存在可以运行的导引程序，那就保证了车辆和服务器对整个过程的控制，并把刷死机的风险降到最低。当完成最后的准备工作后，ECU将重新启动，和服务器之间持续连接，服务器可以获得当前更新状态的最新信息。

四、OTA 的系统风险

很多人对于汽车OTA的认知来源于手机OTA，从技术特点上来看确实有类似之处，但真正在实施过程中，两者还是有很大的区别，特别是安全问题。举个例子，手机在进行OTA升级时，如果升级不成功，最差的情况不过是手机报废，而汽车情况则大不一样，稍有不慎就是车损人伤。

在FOTA流程中，主要存在传输风险和升级包篡改风险。终端下载升级包的传输流程中，攻击者可利用网络攻击手段，如中间人攻击，将篡改伪造的升级包发送给车载终端，如果终端在升级流程中同时缺少验证机制，那么被篡改的升级包即可顺利完成升级流程，达到篡改系统、植入后门等恶意程序的目的。攻击者还可能对升级包进行解包分析，获取一些可利用的信息，如漏洞补丁等，升级包中关键信息的暴露会增加被攻击的风险。

升级从某种程度上来讲，相当于把车辆从一个状态导入另一个状态，在此过程中不可避免地会出现一些错误。这种情况下，就需要制定一些防错机制，来保证车辆的功能安全，如断点续传在目前已知的 OTA 防错机制中，属于一种最基本的技术方案。除此之外还有回滚机制，因为当车辆系统进行升级后，新的版本系统可能不稳定，这种情况下可以通过回滚机制退回到之前的版本，保证车辆安全。所以汽车 OTA 不能随便进行，而必须要在一个合适的时间、合适的地点以及车辆合适的状态下进行升级。这就要求车企制定相应的升级策略，以尽可能安全、经济的方式来开展这项操作。

五、车载 OTA 系统实车应用

1. 特斯拉（Tesla）探索软件版本 V10.0

车辆会定期通过 WiFi 网络接收空中软件更新，不断增加新功能并完善现有功能。当有可用更新时，车辆的中央触摸屏将会显示通知。车主可选择立即安装更新，或指定时间稍后安装。需要将车辆连接至 WiFi 网络以确保快速、稳定地下载更新。软件更新偏好设置可通过触摸屏更改，单击"控制→软件→软件更新首选项"，有高级和标准两个选项，选择高级设置后，根据车辆配置和所在地区，当有可用的软件更新时将立即接收。该选项仅适用于软件版本 2019.16 或更高版本。

探索软件版本 V10.0 通过改进车载触摸屏和 Tesla 应用程序，提供更丰富的娱乐功能，并优化了其他功能。无需主动要求更新，V10.0 软件版本将根据车辆所在地和车辆配置自动推送。下载并安装更新之前，请确保车辆已连接 WiFi 网络。

（1）Tesla 剧场

车辆驻车期间，可以通过 Tesla 剧场观看电影、综艺和视频。Tesla 教程板块中还包含简单易懂的车辆使用视频。Tesla 剧场的访问路径为"应用程序启动器→娱乐→剧场"。注意：现已临时启用蜂窝网络播放流媒体视频的功能。

（2）《茶杯头》游戏（Tesla 定制版）

这是一款受 20 世纪 30 年代卡通风格启发而制作的经典射击游戏。在 Tesla 定制版中，可扮演茶杯头或马克杯人（对应单人模式或本地双人模式），探索奇妙的世界，获取新武器，掌握酷炫招式，以及发现隐藏在旅途中的秘密。与 Tesla 游戏厅中的其他游戏相同，车辆处于驻车档时方可开始游戏。访问路径为"应用程序启动器→娱乐→游戏厅→茶杯头"。注意：该游戏需要使用 USB 外接手柄。

（3）喜马拉雅软件

现可通过喜马拉雅软件收听喜爱的播客和其他音频内容，访问路径为"媒体→喜马拉雅"。

（4）可视化驾驶

该功能可以让车主体验 360° 全景视角的可视化驾驶。改进后的界面能够识别并显示车辆周围更多种类的物体和车道线。对于 Model 3 车型，可视化驾驶通过车载触摸屏呈现，还可通过拖动、捏合等手势临时调整画面视角及缩放比例。停止操作一段时间后，画面将恢复至默认状态。

（5）自动辅助变道

自动辅助变道功能现可突出显示车辆即将进入的相邻车道。启用自动辅助变道后，相邻车道会显示为蓝色，车辆驶向的目的地则显示为白色。

（6）手机应用程序

Tesla 手机应用程序与车辆的交互功能得到进一步的提升。这些功能包括：查看车载软件更新的下载和安装进度；通过"最大除霜"功能将驾驶室温度和前风窗除霜设置为最高加热档；更多车窗控制功能（仅 Model 3 和 Model X）。注意：上述功能要求手机应用程序版本为 3.10.0 或以上。

（7）行车记录仪

除了前视窄视野摄像头和侧方摄像头外，行车记录仪现在还可以记录和存储后视摄像头拍摄的视频。

（8）哨兵模式

现在，在哨兵模式下拍摄的视频会保存在 USB 设备的独立文件夹中，方便查看和管理。另外，如果 USB 设备剩余空间不足，并且哨兵模式视频已占用 5GB 以上空间，则系统会自动删除最早的哨兵模式视频片段。

（9）Joe 降音模式

这是网友 Joe 提出的想法。降低车辆蜂鸣音量以最大限度减少对后排乘客（例如 Joe 的孩子们）的影响，同时保持提示音音量以有效提醒驾驶员。Joe 降音模式的访问路径为"控制→安全→ Joe 降音模式"。

（10）软件更新

软件更新对话框经过重新设计，体验更加顺畅。触摸屏亮起时，驾驶员可以查看正在下载和安装的软件版本号，以及本次更新的安装进度。

（11）蓝牙媒体

通过蓝牙播放已连接设备中的媒体时，可直接在车载触摸屏查看专辑封面，浏览媒体播放列表。改进后的蓝牙媒体支持 48kHz 采样率，音质更佳。注意：具体的操作和音响效果还取决于所连接的移动设备及媒体应用程序，其中 iPhone 手机需要 iOS 13 及以上系统版本。

（12）应用程序启动器

在新版应用程序启动器中可以访问所有 Tesla 应用程序。重新布局的菜单栏支持快速访问，体验更流畅。此外，菜单栏中的"游戏厅"变更为"娱乐"。

（13）驾驶员设定

驾驶员设定现在可以保存更多设置偏好。保存某项设置偏好到所选择的驾驶员设定时，可在触摸屏顶部的状态栏中查看确认提示。

2. 理想 ONE 1.1.9 版本固件升级

（1）调整能源模式，清晰易懂使用方便

理想 ONE 的能源模式进行了调整，纯电优先模式适合有家用充电桩的用户，燃油优先模式适合日常不充电的用户。燃油优先模式下车辆的使用和燃油车没有区别，可始终保持良好的动力体验且拥有更好的电量保持能力，此外还对该模式下的噪声和油耗进行了优化。

（2）新增越野脱困模式，可应付泥泞路段

新增加越野脱困模式，提升理想 ONE 的四驱低速脱困能力，开启该功能可以使理想ONE 通过简单的交叉轴测试，用户需要低速通过崎岖路段时可以启用该模式。

（3）优化辅助驾驶系统使用体验

系统优化了全速域自适应巡航（ACC）的舒适性，重点提升跟车积极性以及应对前方车辆并线的反应速度，并提高了自动泊车（APA）功能的车位识别率和泊车成功率，全面提升了 APA 功能的用户体验。

（4）新增 WLTC 及 NEDC 工况续驶里程显示

新版本新增 WLTC 及 NEDC 工况续驶里程显示，且可选择显示电量剩余百分比。其中增加的 WLTC 工况续驶里程显示方式，更贴近用户日常的使用能耗。

（5）360° 环视新增轮毂视角功能

根据用户的反馈和使用数据，360° 环视新增轮毂视角功能，方便用户更安全便捷地使用车辆。

复 习 题

一、填空题

1. 车辆通信系统一般由 _____、_____ 以及 _____ 三部分组成。

2. 专用数据链路主要指采用 802.11p 或 LTE 制式的用于汽车通信的 _____。

3. _____ 主要包括 V2X 系统所定义的路侧单元（RSU）、感知单元和计算决策单元。

4. _____ 可以汇聚多源数据，将 V2I/V2V/V2P 等各类应用数据进行深入分析、挖掘，提取关键信息，做出决策。

5. 大唐高鸿公司从 _____ 年起，就开始研发具有自主知识产权的 LTE-V 技术产品，涵盖车载终端（OBU）、路侧终端（RSU）、C-V2X 云控平台、CA 安全认证解决方案等。

6. 5G 是第五代移动通信技术的简称，是最新一代 ＿＿＿＿＿＿＿ 通信技术。

7. ＿＿＿＿＿＿＿ 可以理解为一种远程无线升级技术，可以不断拓展车辆的功能，并对现有功能进行优化。

8. 汽车 OTA 架构主要包含 ＿＿＿＿＿＿＿ 和 ＿＿＿＿＿＿＿ 两部分。

二、选择题

1. 车联网以（　　　）为基础。
   A. 车内网　　　　　　　B. 车际网　　　　　　　C. 车载移动互联网　　D. 移动网

2. （　　　）一般是指安装在路口交通设施旁或道路旁边的汽车通信设备。
   A. 路侧单元　　　　　　B. 车辆单元　　　　　　C. 基建单元　　　　　D. 交通单元

3. 专用短程通信汽车自组网的车载单元单节点覆盖范围最高（　　　）。
   A. 30m　　　　　　　　B. 150m　　　　　　　　C. 300m　　　　　　　D. 500m

4. LTE-V 主要由（　　　）组成。
   A. 车辆　　　　　　　　B. 车载终端　　　　　　C. 路侧模块　　　　　D. 数据平台

5. 路侧单元（RSU）是集成 C-V2X 功能的路侧网联设施，用以实现（　　　）之间的全方位连接。
   A. 路与车　　　　　　　B. 路与人　　　　　　　C. 路与云平台　　　　D. 路与路

6. 网络运营商与通信设备商、汽车厂商深度合作，致力于推动（　　　）等云端协同的场景应用。
   A. 自诊断系统　　　　　B. 蓝牙通信　　　　　　C. 远程驾驶　　　　　D. 智能调度

7. 软件的架构大致可以分为（　　　）三部分。
   A. 驱动层　　　　　　　B. 系统层　　　　　　　C. 应用层　　　　　　D. 物理层

8. 车载 OTA 从功能上来说主要能够解决车辆的（　　　）三大问题。
   A. 潜在问题　　　　　　B. 全新功能导入　　　　C. 化解安全风险　　　D. 使用成本

三、判断题

1. 当前 V2X 领域主要存在两大通信技术，一种是专用短程通信汽车自组网技术，另一种是 C-V2X 技术。（　　　）

2. 汽车通信主要包括车载单元（OBU）之间的通信 V2V、车载单元（OBU）与路侧单元（RSU）之间的通信 V2R、车载单元/路侧单元和通信基础设施接入互联网的通信 V2I 以及车载单元/路侧单元和云端网络的通信 V2N。（　　　）

3. 车载单元是汽车通信的车载终端，主要由通信处理器、射频收发器、GPS 接收器/处理器、车辆 CAN 总线、数据存储器、显示器等组成。（　　　）

4. 专用短程通信汽车自组网技术让汽车可以周期性地双向发送、接收和交换、分享车辆的基本行驶信息。（　　　）

5. LTE-V 是基于 LTE 为车车通信、车路通信、车辆与城市基础设施通信专门开发的通信技术，是用于汽车通信的专用 LTE 技术。　　　（　　）

6. 交通行业数据平台主要围绕交通监测与信息服务，致力于交通管理、道路运输和应用服务。　　　（　　）

7. 5G 网络传输时延可达毫秒级，满足车联网对延迟的严苛要求，保证车辆在高速行驶中的安全。　　　（　　）

8. 5G 移动终端设备使用全双工通信方式，允许不同的终端之间、终端与 5G 基站之间在相同频段的信道可同时发送并接收信息，使空口频谱效率提高一倍，从而提高了频谱使用效率。　　　（　　）

9. 华为的 5G 车联网架构的端平台通过车辆与各种交通因素进行数据通信，实现信息交互，可实现多种功能，例如紧急车辆优先通行、超视距预警、红绿灯引导、编队行驶、远程驾驶车辆等功能。　　　（　　）

10. 目前大部分无人驾驶的应用限于低速与限定场景，如在物流、共享出行、公共交通、环卫、港口码头、矿山开采、零售等领域展开应用。　　　（　　）

11. 以前传统汽车上的发动机、底盘等硬件是汽车的主体，而在智能网联汽车上，软件的地位和规模在不断地提高，占据的比重也越来越大。　　　（　　）

12. OTA 作为智能网联汽车必备的基础能力之一，其价值也在行业内逐渐达成共识，越来越多的车企将远程升级纳入智能网联汽车战略规划中。　　　（　　）

项目七
先进驾驶辅助系统（ADAS）结构原理与应用

▎单元一　前方碰撞预警系统结构原理与应用

学习目标

1. 了解前方碰撞预警系统基本概念。
2. 了解前方碰撞预警系统结构原理。
3. 了解前方碰撞预警系统实车应用情况。

前方碰撞预警
系统结构原理
与应用

一、前方碰撞预警系统的定义及发展历程

前方碰撞预警（Forward Collision Warning，FCW）系统是通过摄像头、雷达等传感器实时感知车辆前方的物体，检测自车与目标之间的距离并警示驾驶员的一种系统。该系统如图 7-1 所示。

图 7-1　前方碰撞预警系统

20 世纪 70 年代，日本就开始进行汽车碰撞系统的研究。1999 年，本田、丰田、日产三大车厂各自开始开发自己的前车碰撞预警系统，2003 年在本田雅阁车型中首次安装了碰撞缓解制动系统（CMBS），该系统是 FCW 系统的前身。CMBS 的工作原理是当毫米波雷达探测到前方可能有碰撞危险时，便以警告的方式提醒驾驶员，如果继续接近，当系统

判断将要追尾时，则会采取自动制动措施。而日本另一大汽车厂商丰田的预碰撞安全系统最早是在 2003 年安装在雷克萨斯 LX 和 RX 车系上，同样也是采取了毫米波雷达作为传感器。欧美对此的研究也不落后，沃尔沃于 2006 年在 S80 上首次安装了碰撞预警系统，通过毫米波雷达来检测车距，发现危险时会提示驾驶员立即制动，同时会推动制动片接近制动盘，以便为驾驶员提供最快的制动操作速度。2007 年系统升级后，沃尔沃便增加了自动制动的功能。现在，FCW 功能已经成为 ADAS 常见的标准配置。

二、前方碰撞预警系统的组成

前方碰撞预警系统主要由环境感知单元、控制单元和执行单元构成。其系统组成如图 7-2 所示。

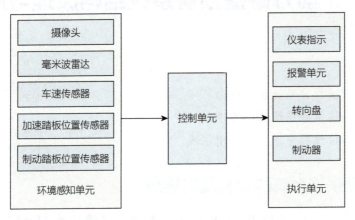

图 7-2　前方碰撞预警系统组成

1. 环境感知单元

环境感知单元主要由摄像头、毫米波雷达、车速传感器、加速踏板位置传感器、制动踏板位置传感器组成。该单元的主要作用是对行车环境进行检测，得到车辆的相关环境信息。其中摄像头和毫米波雷达的主要作用是识别及测距；车速传感器用来检测当前车辆行驶的速度；加速踏板位置传感器用于检测当前方可能发生碰撞危险时驾驶员是否松开加速踏板；制动踏板位置传感器用于检测驾驶员在接收到前方可能发生碰撞危险时是否踩下制动踏板。

2. 控制单元

控制单元可以接收来自环境感知单元的相关数据，对数据进行综合分析后，按照算法处理程序对车辆的当前行驶状态进行计算，判断车辆应使用何种处理工况进行处理，并且将处理信息发送给执行单元。

3. 执行单元

执行单元主要由仪表报警单元及制动器组成。仪表报警单元接收到控制单元的信号后，将在仪表上通过图标的方式警示驾驶员，并发出警报声，某些车型还会通过振动转向盘的方式警示驾驶员。如果警告发出后驾驶员没有松开加速踏板，制动单元会强制介入，控制制动器对车辆减速，必要时会控制车辆进行紧急制动。

三、前方碰撞预警系统的原理及分类

汽车前方碰撞预警系统的工作原理可概述为利用摄像头识别出前方物体，并通过毫米波雷达感测与前车或前方障碍物的距离，通过电子控制单元对物体进行识别并对距离进行测算，同时判断当前的工况。如果观测距离小于报警距离，那么车辆就会进行报警提示，如果观测距离小于安全距离，车辆就会启动自动制动。

欧洲新车安全评鉴协会（E-NCAP）对汽车前方碰撞预警系统的使用环境提出了三个应用类型，分别为用于城市路况的防碰撞辅助系统、用于高速路况的防碰撞辅助系统、用于行人保护的防碰撞辅助系统。

1. 用于城市路况的汽车前方碰撞预警系统

对于城市路况来说，一般的交通事故都发生在交通拥堵时，特别是在路口等待通行时。这时驾驶员可能过于注意交通指示灯，而忽视了与前车的距离；也可能过于期待前方车辆前行甚至加速，而事实上前方车辆并未前进或者速度过慢。

城市驾驶的特点就是低速，但是容易发生不严重的碰撞，这些小事故大约占全部碰撞事故的 26%。低速前方碰撞预警系统可以监测前方路况与车辆移动情况，一般有效距离为 6~8m。这类前方碰撞预警系统的核心装备是毫米波雷达。一般安装在前风窗位置。如果探测到潜在的风险，它将采取预制动措施，以便驾驶员可以更快地操作。如果在反应时间内未接到驾驶员的指令，该系统将会自动制动或采取其他方式避免事故。而在任何时间点内，如果驾驶员采取了紧急制动或猛打转向等措施，该系统将中断。

E-NCAP 定义城市型前方碰撞预警系统能在车速不超过 20km/h 的情况下起作用。80% 的城市交通事故发生在这个车速区间，而且这套系统在天气情况恶劣时效果更好。

2. 用于高速公路路况的汽车前方碰撞预警系统

在高速公路上发生的事故与城市内事故相比，其特点是不一样的。高速路上的驾驶员可能由于长时间驾驶而分心，而当他意识到危险时可能又由于车速过快而为时已晚。为了能适应这种行驶情况，用于高速公路路况的前方碰撞预警系统就应运而生了。这套系统以中 / 远距离毫米波雷达为核心设备，采用预警信号来提醒驾驶员潜在的危险。如果在反应时间内，驾驶员没有任何反应，将启动二次警告，转向盘振动或安全带突然收紧，此时制动器将调至预制动状态。如果驾驶员依然没有反应，那么该系统将自动实施紧急制动。

这种类型的前方碰撞预警系统，主要在车速介于 50~80km/h 间起作用。这类系统在低速情况下可能只会提醒驾驶员。

3. 用于行人保护的汽车前方碰撞预警系统

作为行人保护系统，这类前方碰撞预警系统除检测道路上的车辆外，还能探测行人等障碍物。这套系统的核心装备是摄像头等传感器，它可以辨别出行人的特征。如果探测到潜在的危险，该系统将会警告驾驶员。

相比之下，预测行人行为是比较困难的，从算法角度来说是非常复杂的。这套系统需要更有效的响应，如果仅是车边有行人平行通过就不能应用制动系统。随着传感器技术的发展，这项技术还将进一步优化。

四、前方碰撞预警系统的实车应用

本书介绍的前方碰撞预警系统是起亚公司凯酷车型的前方碰撞预警系统。凯酷的前方碰撞预警系统主要分为四种工况，分别为车对车、车对人、车对自行车和交叉路口，四种工况的示意图如图 7-3~ 图 7-6 所示。中国新车评价规程（C-NCAP）在 2021 年新规中对于前方碰撞预警系统也加入了自行车防撞。

图 7-3　车对车工况

图 7-4　车对人工况

图 7-5　车对自行车工况

图 7-6　交叉路口工况

凯酷使用的方案是摄像头和毫米波雷达集成判断的解决方案，车载摄像头使用单目摄像头，探测距离约为 55m。该摄像头的主要作用是识别前方不同的物体并做出判断，摄像头的探测角约为 50°，毫米波雷达可探测前方约 50m 范围的障碍物。

摄像头识别出前方物体为车辆 / 行人 / 自行车时，通过毫米波雷达和摄像头综合估算的距离计算制动减速度，如果距离较远，在汽车仪表板上将出现警示图标，同时报警器发出报警声，转向盘也会通过振动的方式来提醒驾驶员。若驾驶员此时仍然未松开加速踏板或未踩下制动踏板，车辆将计算制动减速度并进行相应的减速。如果车辆前方突然出现目标物，则直接进行紧急制动。针对检测出行人工况的制动效果要优于检测出车辆工况的制动效果，车对人工况制动后的预留安全距离应当大于车对车工况制动后的预留安全距离。制动效果优先级为车对人、车对自行车、车对车；预留安全距离为车对人、车对自行车、车对车。凯酷针对交叉路口工况进行了系统设计，如果检测到对向车辆在转弯或直行，而此时驾驶员并未松开加速踏板或未进行制动，车辆将自动进行制动。

随着多传感器融合技术的发展、控制单元计算能力的提升以及执行机构的优化，前方碰撞预警系统正在朝着多先进传感器融合、高精度判断、精确控制的方向发展，进一步提高车辆的主动安全性能，从而减少车辆碰撞的可能性。

▌单元二　车道偏离预警系统结构原理与应用

学习目标

1. 了解车道偏离预警系统基本概念。
2. 了解车道偏离预警系统结构原理。
3. 了解车道偏离预警系统实车应用情况。

车道偏离预警
系统结构原理
与应用

一、车道偏离预警系统的定义

车道偏离预警（Lane Departure Warning，LDW）系统可减少驾驶员因为车道偏离而引发的交通事故，主要通过报警或转向盘振动的方式提醒驾驶员。该系统使用摄像头作为视觉传感器检测车道线，计算车辆在车道中的位置信息及运动信息，判断车辆当前是否偏离车道。如果车辆偏离车道且驾驶员没有进行纠正，系统会发出警告或通过转向盘振动的方式提示驾驶员。该系统如图 7-7 所示。

图 7-7　车道偏离预警系统

二、车道偏离预警系统的组成

车道偏离预警系统主要由环境感知单元、电子控制单元、执行单元组成，如图7-8所示。

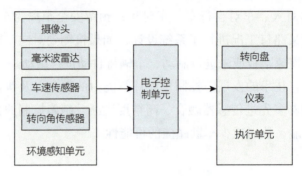

图7-8　车道偏离预警系统组成

1. 环境感知单元

环境感知单元主要由摄像头、车速传感器、转向角传感器组成。摄像头主要用于感知车辆前方道路状况，并将感知信号从模拟信号转变为数字信号，车速传感器感知当前车辆的车速，转向角传感器用于感知当前车辆的转角，用于下一步对车辆当前状态的判断。

2. 电子控制单元

电子控制单元主要负责综合环境感知单元的信号进行信息处理，主要包括数字图像处理、车辆状态分析及判断和决策控制。

3. 执行单元

执行单元主要包括转向盘和仪表，用于执行电子控制单元发出的指令。当车辆偏离车道线时，仪表上将显示车辆偏离的图标并通过报警装置进行报警，同时转向盘会通过振动来提醒驾驶员。

三、车道偏离预警系统工作原理

通常由一个或多个图像传感器提供道路的多帧图像，这些传感器连接至处理器的多个视频端口。数据进入系统后，它被实时地变换成可处理的格式。在处理器内部，首先进行预处理，过滤掉图像捕获期间混入的噪声；然后探测车辆相对于车道标志线的位置，道路图像的输入信息流被变换为一系列画出道路表面轮廓的线条，在数据字段内寻找边缘就能发现车道标志线，这些边实际上形成了车辆向前行驶应保持的边界；处理器要时刻跟踪这些标志线，以确定行车路线是否正常。一旦发现车辆无意间偏离车行道，处理器做出判断后输出一个信号驱动报警电路，让驾驶员立即纠正行车路线。报警形式可以是蜂鸣器或喇叭，也可以用语言提示，还可以用振动座椅或转向盘来提醒驾驶员。LDW系统还要考虑到汽车正常使用的制动装置和转向装置，这些装置会影响 LDW 的工作，使系统复杂化。因此，在慢速行驶或制动、正常转向时 LDW 系统是不工作的。

四、车道偏离预警系统的实车应用

本书介绍的车道偏离预警系统是沃尔沃公司的 XC60 车道偏离预警系统，如图 7-9 所示。

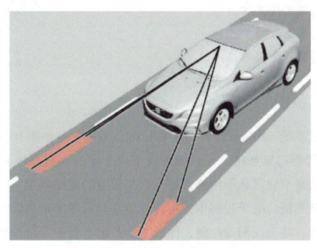

图 7-9　沃尔沃 XC60 车道偏离预警系统

该系统在行驶速度高于 65km/h 时启动，可检测当前车辆是否压线或即将偏离车道，如果检测到车辆偏离或压线，仪表中会显示红色的警告标志，如图 7-10 所示。而且系统会发出报警声音提示驾驶员，同时，转向盘会通过振动来提醒驾驶员。如果车辆打转向灯或驾驶员有转向与加速操作时，该系统认为驾驶员在控制车辆，此时不参与预警工作。

图 7-10　沃尔沃 XC60 车道偏离预警系统仪表显示

在仪表显示功能中，如果车辆发生偏离，LDW 功能的路边标线标记为"红色"。如果显示"白色"路边标线，此功能激活，且检测到单边车道。如果显示"灰色"路边标线，说明此功能激活，但左侧和右侧路边标线均未检测到。

单元三　自适应巡航系统结构原理与应用

学习目标

1. 了解自适应巡航系统基本概念。
2. 了解自适应巡航系统结构原理。
3. 了解自适应巡航系统实车应用情况。

自适应巡航系
统结构原理与
应用

一、自适应巡航系统的定义

　　汽车自适应巡航系统（Adaptive Cruise Control，ACC）是在原有的定速巡航基础上发展起来的一种新型智能巡航系统。该系统集成了汽车定速巡航系统和车辆前方碰撞预警系统，通过摄像头和毫米波雷达等传感器感知汽车前方的道路环境，如果检测到行驶车道的前方存在同向行驶车辆，电子控制单元将计算本车与前车的距离以及相对速度等其他信息，对车辆进行加速、减速或制动控制，保证本车与前车处于安全距离以内，防止发生追尾事故。该系统的示意图如图 7-11 所示。

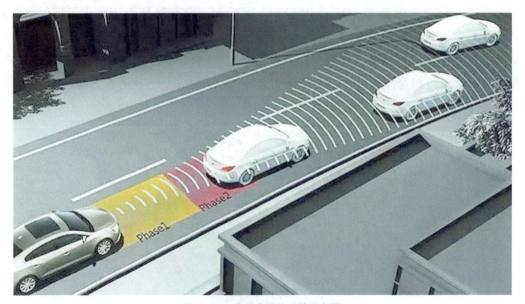

图 7-11　自适应巡航系统示意图

二、自适应巡航系统的组成

　　汽车自适应巡航系统主要由环境感知单元、电子控制单元、执行单元、人机交互单元四部分组成，如图 7-12 所示。

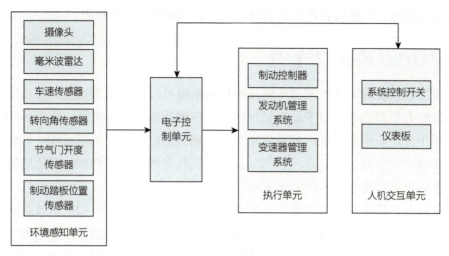

图 7-12　自适应巡航系统组成

1. 环境感知单元

环境感知单元主要由摄像头、毫米波雷达、车速传感器、转向角传感器、节气门开度传感器、制动踏板位置传感器组成。该单元的主要作用是对前方车辆信息进行感测，得到车辆的相关环境信息。其中摄像头和毫米波雷达的主要作用是进行目标车辆识别和测距；车速传感器用来检测当前车辆行驶的速度；转向角传感器用于检测当前车辆转向的角度；节气门开度传感器用于获得当前节气门的开度；制动踏板位置传感器用于获取制动踏板的当前位置，用于测算制动力。

2. 电子控制单元

电子控制单元根据环境感知单元传送回来的数据进行计算，并根据车辆其他传感器判断车辆当前状态，然后根据当前车辆的状态进行决策，并将决策信息发送给执行单元。例如电子控制单元计算出本车与前车的实际距离小于设定的安全距离时，将通过控制减小发动机转矩或配合制动的方式进行减速。

3. 执行单元

执行单元主要由制动控制器、发动机管理系统、变速器管理系统组成。执行单元获得控制单元计算的数据及指令后，对车辆进行控制。制动控制器用于在紧急情况下对车辆进行制动；发动机管理系统根据计算得到的数据调整发动机的转矩输出，控制车辆的加速、减速以及定速行驶；变速器管理系统和发动机管理系统进行配合，控制车辆发动机在不同转速下的换档操作。

4. 人机交互单元

人机交互单元主要由自适应巡航系统控制开关、仪表板组成。人机交互单元的主要作用是便于驾驶员对自适应巡航系统操控并指示自适应巡航系统的工作状态。当驾驶员启动自适应巡航系统时，车辆仪表板上会出现自适应巡航系统的图标标识。

三、自适应巡航系统工作原理

自适应巡航系统的定速控制和车辆间距控制系统可以进行状态选择。自适应巡航系统对静止目标没有跟踪功能，对于动态目标应具有探测距离、目标识别、跟踪等功能。如果当前车速低于自适应巡航系统的最低启动车速，则自适应巡航系统不工作。驾驶员的制动操作可以随时中断自适应巡航系统，驾驶员对车辆具有绝对的控制权。自适应巡航系统的车间距需要满足不同速度、不同工况下的行驶条件。

驾驶员开启自适应巡航后，系统开始工作，车辆前部的摄像头和毫米波雷达检测车辆前方道路信息，轮速传感器收集当前的车辆行驶速度，转向角传感器输出当前车辆的转角信息。当车辆前部的摄像头和毫米波雷达没有检测到前方有车辆时，车辆按照驾驶员设定的速度行驶；当检测到前方出现车辆时，电子控制单元计算感知单元得到的数据，综合测算两车的相对距离、相对速度，结合发动机管理系统（EMS）模块、制动模块对车辆进行纵向控制，保证车辆与前车保持安全距离。自适应巡航系统的控制逻辑如图7-13所示。

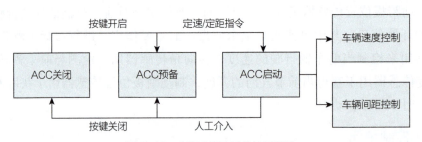

图7-13　自适应巡航系统控制逻辑

ACC共有三个状态，分别为关闭、预备和工作。当ACC关闭时，系统不工作，此时车辆的控制全部依赖于驾驶员。当驾驶员激活ACC后，ACC进入预备状态，此时系统等待驾驶员的定速指令，但是不参与车辆的纵向控制。当驾驶员下达定速指令后，ACC进入工作状态，此时车辆以指定的速度行驶，如果前方没有检测到车辆，则继续以指定速度行驶。如果前方检测到车辆，控制单元根据感知单元的数据进行计算，输出给执行单元对车辆进行控制。

四、自适应巡航系统的实车应用

自适应巡航系统已经广泛应用于各车型中。本书介绍的是应用在奥迪A6L上的自适应巡航系统，如图7-14所示。

奥迪A6L使用的自适应巡航系统基于单目摄像头和双毫米波雷达相结合的解决方案。奥迪A6L的摄像头位于车辆前风窗玻璃的上方，双雷达隐藏在雾灯格栅后。奥迪A6L的自适应巡航系统控制开关如图7-15所示。

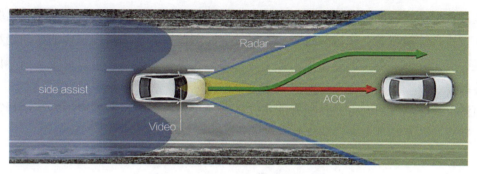

图 7-14　奥迪 A6L 自适应巡航系统

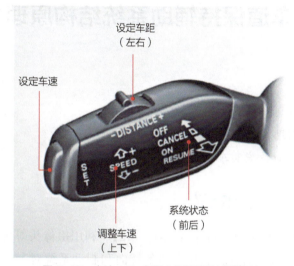

图 7-15　奥迪 A6L 自适应巡航系统控制开关

"OFF"代表自适应巡航功能关闭。"CANCEL"代表待命模式，同时在存储器中保存期望车速值。"ON"代表自适应巡航功能开启。"RESUME"代表恢复到预定车速。用户在开启 ACC 后，若按压"SET"按键，当前车速被存储。"SPEED"控制杆向上推一次，增大 10km/h；向下拉一次，减小 10km/h，最大车速值为 210km/h。如果控制杆按压不超过 0.5s，速度值增大 10km/h，如果按压不动，每超过 0.5s，速度值持续增大 10km/h。其中"DISTANCE"可以分几个阶段调整与前车的距离或者时间间隔。前方车辆的时间间隔即跟车距离被分为 7 级，可以通过设定来更改跟车距离，由驾驶员主动设置的时间间隔点表示。如果测量距离超过了设定距离的下限，则会要求驾驶员踩制动踏板，会有制动图标出现，并伴有声音警告，如果驾驶员不采取措施的话，车辆会启动紧急制动功能来保障车辆的安全。奥迪 A6L 的自适应巡航系统相比于其他厂家具有如下优势：

1）其他车型的自适应巡航系统一般需要在 30km/h 以上的速度才能激活，而应用于奥迪 A6L 的新一代自适应巡航系统在 0km/h 时即可激活，系统会自动加速到 30km/h。

2）奥迪 A6L 的自适应巡航系统具有走停功能（ACC Go&Stop）。如果前车开始加速，并且不超过驾驶员预先设定的巡航速度，系统将自动加速跟随前车；如果前车正常减速，系统可以一直跟随前车自动减速，直至完全停止；当前车再次前进时，驾驶员只需轻踏加速踏板或按键确认，便可实现继续跟随；如果前车让出车道，系统将自动加速到驾驶员预设的速度进行巡航行驶。在这些过程中，系统会时刻监视旁边车道内车辆的运动趋势，以判断是否有车要插入本车前方车道。除了设定巡航速度，驾驶员还可以设定与前车保持距离的等级。

预计自适应巡航系统将和其他智能驾驶系统融合到一个域控制器中进行集中计算与控制，自适应巡航系统是未来自动驾驶汽车的重要组成部分。

▌单元四　车道保持辅助系统结构原理与应用

学习目标

1. 了解车道保持辅助系统基本概念。
2. 了解车道保持辅助系统结构原理。
3. 了解车道保持辅助系统实车应用情况。

车道保持辅助
系统结构原理
与应用

一、车道保持辅助系统的定义

车道保持辅助系统（Lane Keeping Assist，LKA）利用摄像头等传感器感知并计算车辆在车道中的位置信息及运动信息，利用车辆的转向和制动系统对车辆进行控制，防止车辆偏离车道而发生事故。车道保持辅助系统会对车辆的转向进行微调，使车辆驶回原车道行驶，如图 7-16 所示。

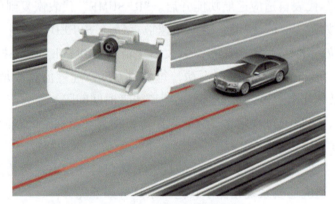

图 7-16　车道保持辅助系统

二、车道保持辅助系统的组成

车道保持辅助系统由环境感知单元、电子控制单元和执行单元组成。其系统组成如图 7-17 所示。

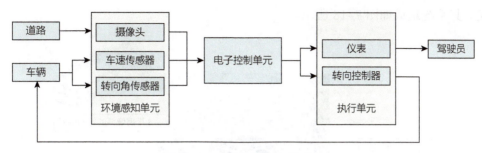

图 7-17　车道保持辅助系统组成

1. 环境感知单元

环境感知单元主要由摄像头、车速传感器、转向角传感器组成。摄像头用于感知车辆前方道路状况，车速传感器用于感知当前车辆的车速，转向角传感器用于感知当前车辆的转角。

2. 电子控制单元

电子控制单元主要负责将摄像头传输的数据进行处理。在车道保持辅助系统中主要是根据摄像头的传输数据进行车道线的识别，并且根据车速传感器和转向角传感器综合判断当前车辆的状态，处理后将控制信号发送给执行单元。

3. 执行单元

执行单元主要包括转向控制器和仪表，主要执行电子控制单元发出的指令。当车辆偏离车道线时，仪表上将显示车辆偏离的图标并通过喇叭进行报警提示，如果驾驶员还未对车辆进行控制，则转向控制器（主要是 EPS）将根据电子控制单元的计算数据对转向盘转角进行微调。

三、车道保持辅助系统的原理

车道保持辅助系统利用视觉传感器采集道路图像，利用车速传感器采集车速信号，利用转向盘转角传感器采集转向信号。如果识别出两侧的车道边界线，控制单元会计算车道宽度和曲率，同时计算车辆处于当前车道的位置，并根据转向盘转角传感器计算车辆接近车道边界线的角度。根据综合计算的数值和车辆当前位置确定警报提醒。当车辆行驶可能偏离车道线时，系统发出报警提示，如果检测到车辆偏离车道线后，电子控制单元控制转向盘转向，并施加操作力使车辆回到正常轨道。如果驾驶员打开转向灯，进行主动变线行驶，那么系统不会做出任何提示。

四、车道保持辅助系统的实车应用

本书介绍的车道保持辅助系统是应用于奥迪 A8 车型的车道保持辅助系统。该系统主要由带摄像头的控制单元、带振动电机的多功能转向盘、车道保持辅助功能启动按钮三部分组成。其系统组成如图 7-18 所示。

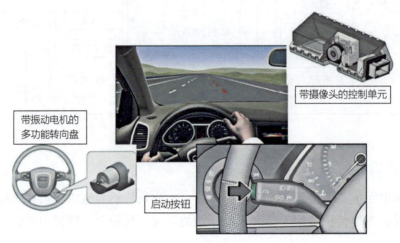

图 7-18　奥迪 A8 车道保持辅助系统组成

奥迪 A8 采用摄像头和控制单元集成设计的方案。该摄像头总成安装在车辆前风窗玻璃的支架上面并进行固定，摄像头的探测距离最大约为 60m，摄像头的分辨率为 640×480 像素，使用 CAN 总线和 ECU 进行通信。摄像头总成可以探测车辆前方道路情况，并通过控制单元对路况进行分析，得到当前车道的边界信息以及当前车辆在道路中的状态信息来确定是否进行报警及控制。在奥迪 A8 的转向盘上装有振动电机，它可以通过振动来提醒驾驶员，转向盘的振动时间取决于驾驶员对于当前道路的反应情况，一般时间在 1s 左右。车道保持辅助系统的启动按钮集成在奥迪 A8 的转向拨杆上，按下启动按钮后，如果行驶车速高于 60km/h，那么车道保持辅助系统将会启动，仪表上会出现指示图标。正常工作的仪表指示图标如图 7-19 所示。

图 7-19　车道保持辅助系统仪表指示图标

不同颜色的指示图标代表不同的工作状态，分别为绿色、黄色和灰色，如图 7-20 所示。如果指示灯为绿色，表明此时系统已经激活并且可以开始工作。如果指示灯为黄色，表明此时系统已经激活，但因为某些原因无法工作。可能的原因包括：只检测到单车道边界线或没有车道边界线；无法检测出车道线（如大雪覆盖、污渍、逆光等情况）；车速低于 60km/h；车道宽度过宽，超出了摄像头检测角；车辆转弯半径过小。如果指示灯为灰色，表明此时系统已经关闭，按下启动按钮即可重新启动系统。

图 7-20　车道保持辅助系统工作状态指示图标

▌单元五　车辆盲区监测系统结构原理与应用

学习目标

1. 了解车辆盲区监测系统基本概念。
2. 了解车辆盲区监测系统结构原理。
3. 了解车辆盲区监测系统实车应用情况。

车辆盲区监测
系统结构原理
与应用

一、车辆盲区监测系统的定义

车辆在变道行驶时，由于转弯时后视镜存在视野盲区，驾驶员仅凭后视镜的信息无法完全判断后方车辆的信息。一些恶劣天气状况（如雨雪、大雾、冰雹等）增大了驾驶员的判断难度，车辆在变道行驶时存在碰撞或刮擦的危险。车辆盲区监测系统（Blind-Spot Collision-Avoidance Assist，BCA）通过安装在左右后视镜或其他位置的传感器感知后方道路信息，如果后方有车辆、行人、自行车及其他移动物体靠近，盲区监测系统就会通过声光报警器提醒驾驶员或在紧急情况下进行制动。车辆盲区监测系统示意图如图 7-21 所示。

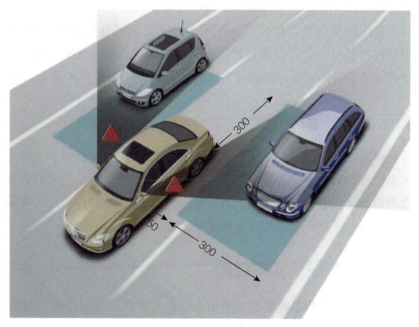

图 7-21　车辆盲区监测系统示意图

二、车辆盲区监测系统的组成

车辆盲区监测系统一般由感知单元、电子控制单元和执行单元等组成，其系统结构如图 7-22 所示。

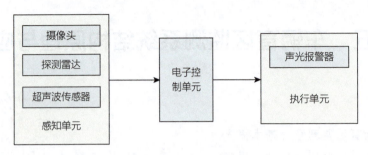

图 7-22　车辆盲区监测系统组成

1. 感知单元

感知单元目前使用的传感器主要是摄像头、探测雷达、超声波传感器。感知单元的主要作用是检测汽车后方视野盲区中是否有行人、自行车以及其他车辆，将感知的信息传送给电子控制单元，便于后期进行信息判断及处理。

2. 电子控制单元

电子控制单元的主要作用是将感知单元的信息进行处理及判断，将信号输出给执行单元。

3. 执行单元

执行单元主要由声光报警器组成。执行单元的主要作用是执行电子控制单元的指令。声光报警器主要包括显示装置和报警装置，如果检测到后方存在危险，那么显示装置就会在后视镜上显示碰撞危险图标并闪烁提示，报警装置会发出报警声来提示驾驶员。

三、车辆盲区监测系统的原理

车辆盲区监测系统是通过安装在车辆后视镜或其他位置的传感器（主要为摄像头、毫米波雷达等）来检测后方的车辆、自行车等，电子控制单元对感知单元的数据进行计算及判断。如果检测到盲区中有车辆或者自行车，声光报警器会发出警报，后视镜上显示碰撞危险图标并闪烁提示，部分车型还可以进行紧急制动。

四、车辆盲区监测系统的实车应用

本书介绍的车辆盲区监测系统是起亚凯酷车型的车辆盲区监测系统，如图 7-23 所示。

凯酷的车辆盲区监测功能主要由安装在左右两个后视镜上的毫米波雷达完成，该毫米波雷达使用 24GHz 的频段，可探测最远距离大约为 50m，探测的角度约为 30°，可识别高度 50cm 以上的物体。毫米波雷达可以感知后方接近的车辆、自行车等移动物体，电子控制单元可以计算移动物体和当前车辆的相对速度，如果相对速度大于系统设定的阈值，则此时车辆盲区监测系统启动，车辆外后视镜指示灯常亮，如图 7-24 所示。若此时驾驶员试图变更车道至有潜在危险的车道，则车辆外后视镜指示灯会闪烁，警报蜂鸣器发出报警声音，提示驾驶员有碰撞危险。

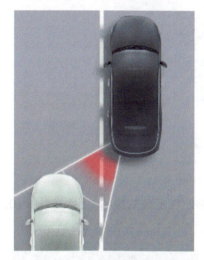

图 7-23　凯酷盲区监测系统

图 7-24　凯酷盲区监测系统功能实拍图

如果驾驶员仍然进行变道，凯酷会启动紧急制动系统，及时对车辆进行制动并调整车辆当前的运动方向，如图 7-25 和图 7-26 所示。

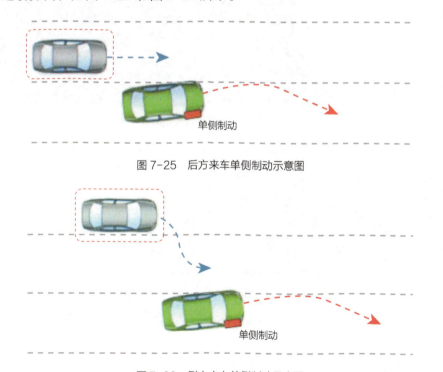

图 7-25　后方来车单侧制动示意图

图 7-26　侧方来车单侧制动示意图

除此之外，凯酷在两侧的后视镜中还搭载了两个摄像头，这两个摄像头是凯酷盲区显示系统（Blind-Spot View Monitor，BVM）的感知传感器。该摄像头使用全方位侧摄像头，可显示后方约 100m 的图像，图像显示效果较为清晰。摄像头外观如图 7-27 所示。

图 7-27　凯酷盲区监测系统摄像头

根据驾驶员开启转向灯的方向，将该方向后侧方影像显示在凯酷的 12.3in（1in=0.0254m）仪表板显示屏上，以提高整车的驾驶便利性。仪表显示如图 7-28 和图 7-29 所示。

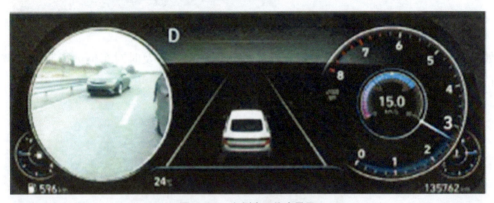

图 7-28　左侧盲区仪表显示

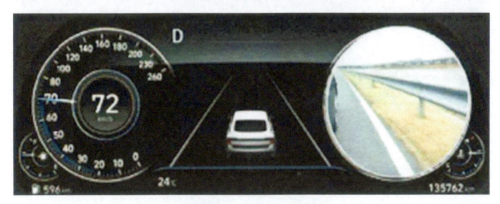

图 7-29　右侧盲区仪表显示

北美地区国家的汽车后视镜一般采用平镜，视野角为 15°，中国的汽车后视镜通常采用曲镜，视野角约为 25°。搭载了盲区监测系统的凯酷的视场角可达到 50°，大幅改善了原有后视镜的盲区部分，可以消除驾驶员对盲区的不安感，是一项较为实用的配置。其视野角和视场角如图 7-30 所示。

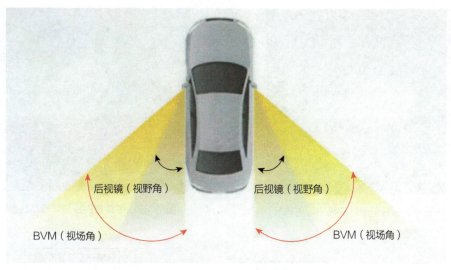

图 7-30　盲区监测系统视野角和视场角

▍单元六　自适应前照灯系统结构原理与应用

学习目标

1. 了解自适应前照灯系统基本概念。

2. 了解自适应前照灯系统结构原理。

3. 了解自适应前照灯系统实车应用情况。

自适应前照灯
系统结构原理
与应用

一、自适应前照灯系统的定义

　　自适应前照灯系统（Adaptive Front Lighting System，AFS）是可以根据不同的道路行驶条件，自动改变多种照明类型的一种照明系统。该系统可以消除在恶劣天气、黑夜、能见度低等情况下汽车转向时视野不明区域所带来的危险，为驾驶员提供更加安全可靠的照明视野。未搭载自适应前照灯系统和搭载自适应前照灯系统的照明情况如图 7-31 和图 7-32 所示。

二、自适应前照灯系统的组成

　　自适应前照灯系统主要由环境感知单元、控制单元、执行单元构成。其系统组成如图 7-33 所示。

图 7-31　未搭载自适应前照灯系统的照明情况

图 7-32　搭载自适应前照灯系统的照明情况

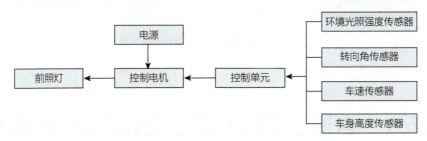
图 7-33　自适应前照灯系统组成

1. 环境感知单元

环境感知单元的主要作用是感知当前的行驶环境信息并将信息通过 CAN 总线传递给控制单元。该单元主要由环境光照强度传感器、转向角传感器、车速传感器、车身高度传感器组成。其中环境光照强度传感器用于感知环境亮度，便于对车灯照明强度进行调节；转向角传感器用于感知当前车辆的转向角，便于调整车灯的照射范围角；车速传感器用于感知当前车速；车身高度传感器用于感知当前车辆的高度，便于对灯光照射高度进行调节。

2. 控制单元

控制单元的主要作用是对环境感知单元的数据进行计算分析，将计算后的输出结果传递给执行单元。

3. 执行单元

执行单元的主要作用是根据控制单元提供的控制信号对车辆前照灯进行高度及角度的调控。该单元主要由控制电机、电源和前照灯组成，电源驱动控制电机对前照灯进行高度和角度的调节。

三、自适应前照灯系统的工作原理

车辆通过环境光照强度传感器不断感知环境的亮度，汽车车速传感器和转向角传感器不断地把检测到的信号传递给控制单元（ECU），ECU 根据传感器检测到的信号进行处理，对运算处理后的数据进行综合判断来输出前照灯转角，并控制前照灯转过相应的角度。车辆的灯光自动开启控制可采用阈值控制法，如果当前环境的亮度信号值小于开启阈值，那么车辆前照灯将不开启；如果当前环境的亮度信号值大于开启阈值，那么车辆前照灯将开启。车灯的电机控制一般使用 PID 控制方法，通过当前车灯的实际位置和实际角度与预设位置和预设角度的差值进行算法调控。

四、自适应前照灯系统的实车应用

本书介绍的自适应前照灯系统是马自达阿特兹使用的自适应照明系统，如图 7-34 所示。

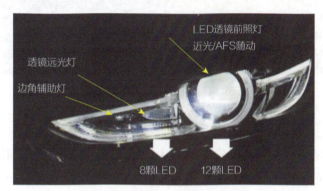

图 7-34　阿特兹自适应照明系统

2019 款马自达阿特兹的自适应照明系统是日系车型首款搭载智能 LED 矩阵前照灯的车型。该系统将 LED 的远光灯分割成 40 个单独的光源，在车辆行驶时，搭载在风窗玻璃上的车载摄像头可识别对向车辆和物体，如果检测到存在车辆或物体时，车灯照射的区域会渐变式自动熄灭与点亮。这种设计可以既保证车辆的安全，又可以提高驾驶员的驾驶感受。

马自达阿特兹的自适应照明系统主要有防眩远光控制、分速调控以及配光控制三种功能。

1. 防眩远光控制

阿特兹的前照灯分为行驶用前照灯和会车用前照灯两种，夜间行驶时一般使用远光灯照明，当安装于前风窗玻璃上的摄像头感知到对向车的前照灯和前车的尾灯时，便会自动熄灭相应区域的 LED 前照灯，控制远光灯照射范围，既避免给对方造成晕眩困扰，又确保了远光灯的卓越识别性能。该系统在行驶速度约为 40km/h 以上时自动启用。该系统功能如图 7-35 所示。

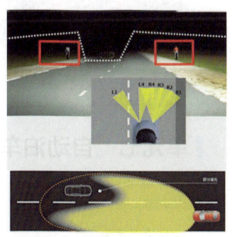

图 7-35　阿特兹自适应照明系统防眩远光功能

2. 分速调控

阿特兹的自适应照明系统可以根据车速的不同来调节前照灯照射的距离和宽度。当阿特兹行驶在低速时（40~60km/h），灯光照射的距离为 160m，比原有的远光灯的视野更广，能快速发现行人；在中速模式下（60~105km/h），基本配光模式启动，照射距离为 175m，中速和低速模式下照射宽度均为 32m；高速模式下（105km/h 以上）前照灯的光轴会自动上升，加强远方的照射性，前照灯照射距离为 235m，宽度为 30m 左右，可确保高速道路下的远方辨识性。分速调控功能如图 7-36 所示。

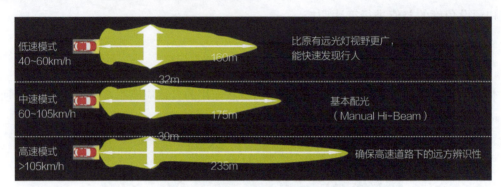

图 7-36　阿特兹自适应前照灯分速调控功能

3. 配光控制

阿特兹的自适应照明系统具有先进的配光控制系统。该系统可以根据转弯的半径和转向盘的角度来调整光束，可分为 6 个阶段进行，对应不同的转弯半径进行调控。转弯半径越大，光束的偏离角越大，并且在转向过程中阿特兹的左右前照灯可以进行配光重叠，配光重叠后的照射距离可达 130m。配光控制功能如图 7-37 所示。

图 7-37　阿特兹自适应前照灯配光控制功能

单元七　自动泊车辅助系统结构原理与应用

学习目标

1. 了解自动泊车辅助系统基本概念。
2. 了解自动泊车辅助系统结构原理。
3. 了解自动泊车辅助系统实车应用情况。

自动泊车辅助
系统结构原理
与应用

一、自动泊车辅助系统的定义

自动泊车辅助系统（Auto Parking Assist，APA）是利用安装在车辆上的传感器感知周边环境，对车辆可停泊的有效区域进行计算与泊车的一种系统，如图7-38所示。自动泊车辅助系统是一项非常便利的应用系统，它可以帮助驾驶员将车辆自动停入指定车位，并且可以在停车时避免剐蹭，大大降低了驾驶员的操作负担和泊车时的事故率，是一种较为智能的便利化系统。

图7-38　自动泊车辅助系统

二、自动泊车辅助系统的组成

自动泊车辅助系统主要由环境感知单元、电子控制单元和执行单元组成，其系统组成如图7-39所示。

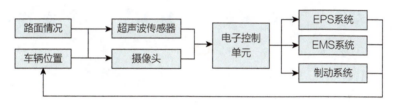

图7-39　自动泊车辅助系统组成

1. 环境感知单元

环境感知单元的主要作用是在车辆泊车时感知当前车辆的位置以及周边的环境情况，主要由超声波传感器和摄像头组成。超声波传感器的主要作用是感知车辆与周边物体的距离，防止车辆与周边物体出现碰撞或剐蹭。摄像头的主要作用是感知当前车辆的位置信息，并将数据发送给电子控制单元。

2. 电子控制单元

电子控制单元的主要作用是根据环境感知单元传输的信息，综合计算分析当前车辆的周边环境以及车辆当前的位置，并计算规划路径，将计算结果输出给执行单元。

3. 执行单元

执行单元的主要作用是接收电子控制单元的指令并且通过执行器执行指令，主要由EPS系统、EMS系统和制动控制系统组成，EPS系统接收电子控制单元的信号进行精准转向操作，EMS系统接收电子控制单元的信号控制发动机，制动控制系统接收电子控制单元的信号对车辆进行制动，以上系统配合使用可以保证车辆能够准确根据规划路径进行行驶，并且在接收到中断停止信号时紧急制动。

三、自动泊车辅助系统的原理

自动泊车辅助系统的工作原理是通过摄像头和超声波传感器感知车辆周围的环境，对周边环境进行分析，确定可以停泊的车位并获取车位的尺寸、位置等信息，使用泊车辅助算法计算泊车路径，自动转向操纵汽车泊车。该系统的工作过程主要分为四步，工作流程如图 7-40 所示。

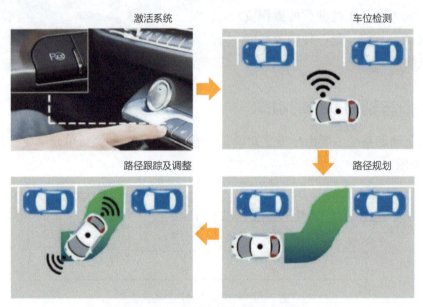

图 7-40　自动泊车辅助系统工作流程

1. 激活系统

汽车进入停车区域后缓慢行驶，手动开启自动泊车辅助系统，或者根据当前车速自动启动系统。

2. 车位检测

通过车载传感器获取环境信息，传感器主要采用超声波传感器和摄像头，识别出可以停车的车位。

3. 路径规划

根据系统感知的环境信息，电子控制单元计算出一条能直接安全泊车的行车路径。

4. 路径跟踪及调整

通过转向、发动机和制动模块的协调控制，车辆可以跟踪已规划路径并且在泊车过程中及时进行调整。

四、自动泊车辅助系统的实车应用

目前自动泊车辅助系统主要分为半自动泊车辅助系统和全自动泊车辅助系统。

半自动泊车辅助系统在自动泊车过程中需要驾驶员通过加速、制动、换档等操作参与泊车的过程。本书介绍的采用半自动泊车辅助系统的车型是长城哈弗 H6。在发动机起动状态下挂入 D 位，且满足车速低于 30km/h 时，方可通过按下自动泊车辅助系统按键开启半自动泊车辅助系统。

目前 H6 支持平行泊车模式和垂直泊车模式，但是需要驾驶员通过操作界面进行泊车模式选择，默认情况是只搜索前排乘客侧的停车位。若需要搜索驾驶员侧的停车位时，驾驶员需提前开启驾驶员侧的转向灯。完成以上步骤后，便可以适宜的车速控制车辆前行，并与即将停放入位侧的车辆或障碍物之间保持 0.5~1.5m 的适当距离，以便半自动泊车辅助系统可通过传感器自动识别停车位，并测量该停车位空间是否足够停放车辆。哈弗 H6 半自动泊车辅助系统工作状态显示如图 7-41 所示。

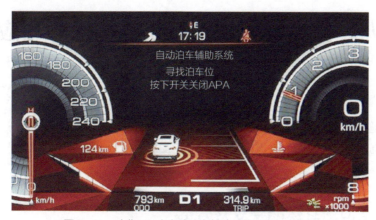

图 7-41　哈弗 H6 半自动泊车辅助系统工作状态显示

接下来，当发现合适的停车位后，车辆组合仪表上将出现相应提示，而半自动泊车辅助系统将彻底接管转向盘。此时驾驶员可将双手从转向盘上移开，只需按照仪表中的操作提示一步步执行即可，从而充分享受泊车辅助技术所带来的便利。由于在接下来的整个泊车过程中，车辆的制动以及在 D 位与 R 位间的档位切换工作仍需驾驶员完成，因此谨慎地根据距离来控制泊车车速以及及时进行制动就成为顺利完成一次安全泊车的关键。

本书讲解的全自动泊车辅助系统是小鹏 G3 车型。在 2018 年小鹏 G3 发布了"全场景泊车"的特色功能，可适应垂直、侧方、斜方以及特殊共四种场景，满足大部分应用场景。小鹏 G3 全车配备了 20 个智能传感器，其自动泊车功能通过视觉 + 雷达协同实现，既可以识别划线的停车位，又可以识别两车之间没有线的停车位。其系统示意图如图 7-42 所示。

小鹏 G3 在研发全自动泊车系统的过程中，搭建

图 7-42　小鹏 G3 全自动泊车系统示意图

了包含不同停车场景的 400 个停车位的专门测试场景，包含是否有立柱、墙体、挡车杆、地锁等多种场景。小鹏 G3 通过外后视镜侧面的摄像头进行车位线的识别，包括字符的识别，可以检测该车位是否有专用的车位编码，可识别出是否是专用车位或私人车位等信息；使用后摄像头可在驾驶员倒车入库时检测车位上是否有地锁或者挡车器，如果存在地锁或挡车器，则系统会判定为不可入库。小鹏 G3 还采用了一个高精度惯性测量单元，在自动泊车的过程中可精准控制车辆的行车轨迹，记住已经存在的空车位并可将该记忆车位进行系统还原。如果当前车位过窄，停车后不方便下车，还可以通过钥匙泊车的方式泊车入位，在车内设置好自动泊车功能，找到车位后挂入 R 位，然后便可以下车通过钥匙进行自动泊车。长按 5s 自动泊车按键，激活自动泊车功能，然后双击解锁键便可以让车辆开始自动泊车。小鹏 G3 的自动泊车系统是一套不断学习的操作系统，可根据后期的 OTA 对全自动泊车系统进行升级更新。

单元八　交通标志识别系统结构原理与应用

学习目标

1. 了解交通标志识别系统基本概念。
2. 了解交通标志识别系统结构原理。
3. 了解交通标志识别系统实车应用情况。

交通标志识别
系统结构原理
与应用

一、交通标志识别系统的定义及发展

交通标志识别系统（Traffic Sign Recognition，TSR）是指通过安装在车辆上的多用途摄像头单元扫描交通标志，并将交通标志显示在车内仪表板或抬头显示器上，辅助驾驶员识别当前限速及附加信息的一种系统。当前较为先进的技术是通过识别交通标志（主要是限速标志）进行车辆自动限速的自适应巡航系统，如图 7-43 所示。

图 7-43　基于交通标志识别的自适应巡航系统

二、基于交通标志识别的自适应巡航系统的组成

基于交通标志识别的自适应巡航系统主要由环境感知单元、电子控制单元和执行单元组成，其系统组成如图 7-44 所示。

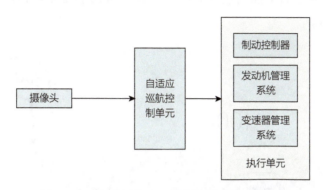

图 7-44　基于交通标志识别的自适应巡航系统组成

1. 摄像头

摄像头单元可以感知前方出现的交通标志，识别不同的交通标志，并将信号传输给自适应巡航控制单元。

2. 自适应巡航控制单元

自适应巡航控制单元通过摄像头和毫米波雷达等传感器，感知车辆前方的道路环境。如果检测到行驶车道的前方存在同向行驶车辆，控制单元将计算本车与前车的距离以及相对速度等其他信息，对车辆进行加速、减速或制动控制，保证本车与前车处于安全距离范围内。同时自适应巡航控制单元还接收来自摄像头的限速标志等信息，对相关信息进行综合判断后发送给执行单元。

3. 执行单元

执行单元主要由制动控制器、发动机管理系统、变速器管理系统组成。执行单元获得自适应巡航控制单元计算的数据及指令后，对车辆进行控制。当检测到限速路段时，如果当前车速高于限制速度，则制动控制器和发动机管理系统对车速进行限制，使其保持在限定速度下行驶。如果离开限速区间路段，则发动机管理系统会根据当前路段限速值控制车辆加速到限制速度。变速器管理系统和发动机管理系统配合使用，控制发动机在不同转速下的换档操作。

三、基于交通标志识别的自适应巡航系统的实车应用

本书介绍的采用基于交通标志识别的自适应巡航系统的车型是起亚凯酷，该系统目前只能在高速公路工况下使用，如图 7-45 所示。

　　凯酷车型基于交通标志识别的自适应巡航系统控制开关位于车载系统的设置功能中，可选择开启或关闭该功能。当凯酷在高速公路上开启该功能后，仪表上会显示图标，表示系统已经正常运行。凯酷基于交通标志识别的自适应巡航系统分为两种模式，一种是区间控制模式，另外一种是曲率控制模式。两种模式的区别主要体现在启动区间和控制内容上，如图7-46所示。

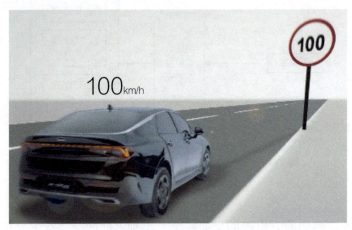

图7-45　凯酷基于交通标志识别的自适应巡航系统

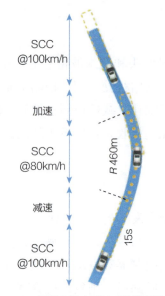

图7-46　凯酷自适应巡航系统控制模式

1. 启动区间

　　区间控制模式的启动区间是安全区间，主要应用于限速路段。曲率控制模式的启动区间是安全区间，主要应用于曲线道路。

2. 控制内容

　　区间控制模式的主要控制内容是以安全速度减速控制车辆，曲率控制模式的主要控制内容是以曲率最优速度减速控制车辆。

例如在高速限速 100km/h 的直线道路上，此时系统会切换至区间控制模式，保证车辆以安全的速度通过限速路段。

如果车辆行驶在曲率较大的弯道时，此时系统会切换至曲率控制模式，控制单元会根据不同的曲率计算通过该弯道的最佳速度，来保证车辆行驶的安全性。当车辆以 100km/h 的速度以自适应巡航模式进入弯道，需经过一个半径为 460m 的部分弯道。车辆在 15s 的时间内从 100km/h 的巡航速度降至 80km/h 的巡航速度过弯，出弯之后又加速至 100km/h，继续以巡航模式工作。在整个驾驶过程中，该系统可以保证驾驶的安全性以及车辆乘员的舒适性。

四、交通标志识别系统的前瞻技术介绍

1. 交通标志分类

在我国，交通信号灯的设置必须遵循 GB 5768.2—2022《道路交通标志和标线　第 2 部分：道路交通标志》。该标准规定我国的道路交通标志的分类方式。

1）道路交通标志按作用分类，分为主标志和辅助标志两大类。

主标志包括：

①禁令标志：禁止或限制道路使用者交通行为的标志。

②指示标志：指示道路使用者应遵循的标志。

③警告标志：警告道路使用者注意道路、交通的标志。

④指路标志：传递道路方向、地点、距离信息的标志。

⑤旅游区标志：提供旅游景点方向、距离的标志。

⑥告示标志：告知路外设施、安全行驶信息以及其他信息的标志。

辅助标志设在主标志下方，对其进行辅助说明。

2）道路交通标志按显示位置分类，分为路侧标志和路上方标志。

3）道路交通标志按版面内容显示方式分类，分为静态标志和可变信息标志。

4）道路交通标志按光学特性分类，分为逆反射标志、照明标志和发光标志三种，其中照明标志按光源安装位置又分为内部照明标志和外部照明标志。

5）道路交通标志按设置的时效分类，分为永久性标志和临时性标志。由于施工作业或交通事故管理导致道路使用条件改变的区域，所使用的道路交通标志是临时性标志。

6）道路交通标志按标志传递信息的强制性程度分类，分为必须遵守标志和非必须遵守标志。

2. 交通标志识别技术

交通标志识别技术是智能网联汽车实现无人驾驶的一项重要技术。当前交通标志的检

测方法主要有两种，一种是基于颜色特征和图形特征组合的识别技术，另一种是基于深度学习的识别技术。现在已量产的车型大多使用颜色特征和图形特征组合的识别技术。其工作过程主要分为以下四个步骤。

（1）图像预处理

通过图像均衡、图像增强和图像去噪等算法，将图像的光线均衡，突出关键信息。

（2）交通标志分割

预处理后的图像包含很多信息，交通标志在其中只有很小的一个区域，为了减小处理的数据量，加快处理速度，一般都会先将交通标志的区域检测出来，再去判断这个区域中的交通标志的具体含义。交通标志在颜色和形状上都有一定的特殊性，可按照图 7-47 所示方法进行一定程度的分类。

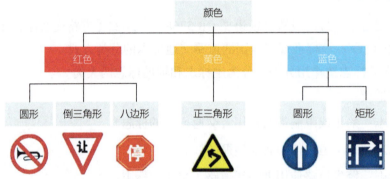

图 7-47　交通标志按颜色和形状分类

颜色按照国际标准可划分为 RGB、HSV、HSI 等颜色空间，需要对颜色空间进行量化分析。以 RGB 空间为例，将颜色按照红色、绿色、蓝色三种颜色进行分割，通过给定交通标志牌中常用色彩的色度坐标范围，即可过滤掉与之不相关的颜色信息，快速检测到交通标志牌。仅仅检测颜色显然是不够的，由于光照、背景色的影响和干扰，还需要在颜色检测结果的基础上对相应区域进行形状检测。交通标志具有边缘清晰、形状简单易辨认的特点。这些特征在排除颜色影响后的灰度图像中更加明显，因此通过一定的边缘检测算法去判断图像像素中出现的灰度阶跃变化，一般就能较为准确地检测出交通标志的形状和轮廓特征。

（3）交通标志特征提取

图像的关键特征是识别具体信息的关键因素，特征的好坏直接决定了识别的准确度。一般来说这些关键特征需要具有可区分性、简约性和抗干扰等几个要素。可区分性即不同标志的特征要具有足够的差异性；简约性是在保证可区分性的前提下用尽量少的数据表示图像特征，这可以保证检测的速度和效率；抗干扰即图像特征信息要保证尽量少地被噪声、自然光和图像畸变所影响。在交通标志识别上，一般会提取颜色特征、线条变化特征、矩特征、灰度直方图统计特征等，并会在事先维护一个足够样本数量的特征库，包含现有交通标志的图像特征信息。在识别的时候将采集到的图像特征提取出来，与数据库中的条件进行比对，即可判断出该交通标志的实际意义。

（4）识别结果匹配

目前有多种方法可实现图像特征与特征库数据的比对，最为简单直接的方式是模板匹配法，即在特征库中将不同交通标志的特征参数规定为某些特定的参数，当所采集的图像特征参数在某个范围内，就判断是这个交通标志信息。在实际应用过程中，由于图像在采集的时候难免发生形状畸变、颜色失真等误差，用模板匹配来识别的成功率和准确度并不是特别高，即便优化了图像处理算法，也还有很多局限性，因此需要使用其他方法配合使用模板匹配进行识别判断。以模板匹配法为基础的交通标志识别结果如图 7-48 所示。

图 7-48　以模板匹配法为基础的交通标志识别结果

近些年，机器学习技术的发展让图像识别也有了很大的变化。通过设定一些简单的判断条件，并在特征库中加入各种形态和场景下的学习样本，让系统不断加深交通标志识别的认知和识别概率。机器学习让识别不再依靠具体固定的参数，而是通过一系列的条件判断让系统找到概率最大的目标，以此提升识别的准确度和灵活性。这一技术在目前成为研究的热点，并有效提高了交通标志识别的准确率及识别速度。

单元九　智能座舱系统结构原理与应用

学习目标

1. 了解智能座舱系统基本概念。

2. 了解智能座舱系统结构原理。

3. 了解智能座舱系统实车应用情况。

智能座舱系统
结构原理与
应用

一、智能座舱系统的定义

　　智能座舱是指配备了智能化和网联化的车载产品，从而可以与人、路、车本身进行智能交互的座舱，是人车关系从工具向伙伴递进的重要纽带和关键节点。智能座舱通过对数据的采集，上传到云端进行处理和计算，从而对资源进行最有效的适配，增加座舱内的安全性、娱乐性和实用性。智能座舱未来形态是"智能移动空间"，在 5G 和车联网高度普及的前提下，汽车座舱将摆脱"驾驶"这一单一场景，逐渐进化成集"家居、娱乐、工作、社交"为一体的智能空间，如图 7-49 所示。

图 7-49　智能座舱系统

二、智能座舱系统的功能

　　常见的智能座舱系统配置包括 HUD、语音控制、AR 技术、车载 AI 等。现今的智能座舱中，AR、AI 技术应用潜力还相对较低，车载 AI 和语音控制系统目前可以通过深度学习来了解驾驶员的一些基本指令，但是想得到更好的 AI 交互体验还需要一个发展阶段。

　　车载 AR 技术与 HUD 结合，通过清晰的 3D 影像将驾驶信息投射到前风窗玻璃上，带有导航和 AR 的 HUD，除了完成导航外，HUD 还可以将信息提示的某些功能（如来电显示、信息显示）添加到 HUD 中，从而提高驾驶安全。

　　HUD 和 AI 语音在几年前还只出现在一些高端车型中，比如奥迪 A8、宝马 7 系、沃尔沃 S90 和 XC90 等车型中，近几年许多合资及国产品牌车型也开始使用 AI 语音识别和 HUD。至于 AR 技术目前还停留在一些高端车或者概念车中，比如奥迪虚拟座舱就拥有全景面部 ID 识别、全景 AR 环视、AI 语音交互、智能远程控制等功能，如图 7-50 所示。

　　目前语音是人车交互的主流方式。语音交互分为两种，一种是内置，汽车车内的屏幕作为功能的扩展；另外一种是聚焦交互，通过把交互方案放在手机、车机的连接当中收取信息。目前自然语音技术是绝对主流，语言识别准确率可以高达 90% 以上，但在整体产品体验上还有很大改进空间，需要进一步提升算法及智能程度。

图 7-50　奥迪虚拟座舱系统

三、车载互联网络技术

随着互联网、云端技术的发展，结合当下最热门的 5G 技术，除了实现车辆的自动驾驶外，更多是实现车辆与智能家居的互联体验。比如通过车载 AI 智能语音控制家中的热水器加热时间、空调温度调节，还可以监测智能门锁是否锁好。

汽车和手机的互联是当下最大的趋势，通过手机下载 APP 或云端操作来实现汽车和手机的互联。用户可以通过手机提前启动车内的一些功能，比如空调、座椅加热、车窗开启或关闭等。当车辆外借时，用户还可以通过手机设置成访客模式，车载系统就会进入访客界面，这样不仅可以保护用户隐私，还可以保证借车的驾驶员运用到完整的车机交互系统。在未来车载网联化快速发展的背景下，智能座舱系统还可以实现更多的功能。

本书介绍的车载互联网技术应用车型是起亚凯酷，它搭载了车载 IOT（Internet of Things）系统。该系统可以连接车机和用户家中的智能家居，可在车内实现对智能家居的控制，如图 7-51 所示。

图 7-51　凯酷汽车 IOT 车家互联系统

该系统是起亚公司和百度公司联合开发的智能车家互联系统。该系统基于 4G 通信技术进行通信，用户可以通过凯酷的 12.3in 触屏启动凯酷的"互联控制"系统，该系统启动后可以直接通过车机系统控制已经绑定的智能家居设备。目前凯酷汽车 IOT 车家互联系统支持的智能家居类型包括控制照明（开 / 关 / 调节亮度）、智能按钮（开 / 关）、空气净化器（开 / 关 / 预报空气质量 / 调整风速、变更模式）、清洁机器人（开 / 关 / 自动模式 / 充电）、智能窗帘（开 / 关）。

四、多屏智能联动技术

电子仪表板的大规模使用是汽车未来发展的一个必然趋势。多屏联动也是建立在电子仪表板的基础上（比如电子仪表 +12.3in 中控屏 + 虚拟中控按键 + 流媒体后视镜 +AR 技术下的 HUD+ 智能手机）。

显示屏越多，车辆处理的数据也就越多，此时驾驶员不需要担心这样会影响驾驶安全，因为车辆的车机交互系统可以帮助到驾驶员。当数据量大时，车机系统会主动处理一些对驾驶有帮助的信息供驾驶员选择，比如目的地定位、查找加油站、前方道路交通情况、车辆周围是否有行人或其他障碍物体等都会显示在不同屏幕分区，帮助驾驶员做出判断。

多屏联动也将逐渐成为人机交互的核心体验。这在仪表中控屏幕的设计上，一字屏会是设计的重点，整体更加趋向一体化，并实现快速响应和多屏联动。通过连接技术的转换，可将某一屏幕上的内容转移到其他屏幕显示，实现屏幕共享。在未来，屏幕将被无屏幕的形式替代，比如智能玻璃、全息影像、HUD 等。

屏幕区域分为两部分，左侧屏幕用于驾驶员导航等重要信息的显示，而右侧大部分显示屏提供给乘客使用，多为娱乐信息的显示。这样驾驶员和乘客就能够使用单独屏幕来完成各自的任务，从而实现一屏多任务的操作模式。当驾驶员使用它来访问导航功能时，乘客可以用它来玩游戏、阅读或看电影。同时，数字仪表深度图像技术能够实现三维立体效果，这个功能大大提升了视觉感官效果。当前典型应用多屏联动系统的车型为全新一代奔驰 S 级 MBUX 系统，如图 7-52 所示。

图 7-52　全新一代奔驰 S 级 MBUX 系统

奔驰 S 级 MBUX 系统可以通过触摸、语音识别、手势控制等方法操作车载系统，从而直接解锁更多的功能，而新增的基于 AR 技术的平视系统，可以实现导航以及驾驶辅助系统的 AR 支持。其后排还可以最多搭载三个液晶显示屏，后排显示屏同样可以独立执行一系列操作，实现五屏联动，并支持和智能手机进行联动交互。

五、用户自定义驾驶座舱

智能座舱的出现给驾驶员和乘客提供了一个更好的环境体验，这将满足用户定制的需求，用户可以根据自己的需要选择座椅的排布和样式，配有 AI 学习功能的驾驶舱在深度学习后可以读懂驾驶员的用车意图和习惯。

个性化的汽车座椅逐渐趋向于流动性和舒适性的设计。它会更加偏向于便捷拆分、拼接使用和座椅的舒适度调节。在相对宽松的空间下，座椅通过移动拼接可以变成床，还可以根据座舱内乘员的需求，选择任意调节模式实现用户需求。比如要在车内召开简单的会议，就可以通过将座椅对向排布的形式来实现开会的功能。

转向盘和座椅是驾驶环节中最不能缺少或最能直接感受到驾驶员意图的部件，将其安装生物传感器可以实时获取身体信息等，如心率、血液流动，甚至可以根据上述条件和握力判断是否饮酒。当传感器检测到数据异常时会提醒驾驶员，或通过车机系统直接联系相关医院，进行远程医疗。

氛围灯的设置也是个性化定制中的一种，车辆可以变换其车内灯光颜色，来缓解驾驶员在堵车或者长途驾驶中的焦躁心情，同时它也可以简单地播放舒缓的音乐或调暗车内灯光以使驾驶员心态平静下来。要实现该功能，需要车内配有摄像头和生物传感器，进行数据交叉分析后完成。

指纹解锁、眼球跟踪、人脸面部识别等生物识别技术也是目前智能座舱系统引入的新功能，通过指纹和面部识别来解锁车辆中的部分功能，根据对用户状态的判断做出相应的数据分析，并提供相关信息给用户参考和选择。

单元十　抬头显示（HUD）系统结构原理与应用

学习目标

1. 了解抬头显示（HUD）系统基本概念。
2. 了解抬头显示（HUD）系统结构原理。
3. 了解抬头显示（HUD）系统实车应用情况。

一、抬头显示系统的定义

抬头显示（Head Up Display，HUD）又被叫作平视系统，它是利用光学反射原理，将汽车驾驶辅助信息、导航信息、检查控制信息以及其他信息以投影方式显示在前风窗玻璃或距离约 2m 的前方、发动机罩前端上方，阅读起来非常舒适。它还可以显示来自各个驾驶辅助系统的警告信息，避免驾驶员在行车过程中频繁低头看仪表或车载屏幕，对行车安全有着很好的辅助作用。

二、抬头显示系统的组成

汽车抬头显示系统主要由图像源、光学系统、图像合成器三部分组成。

1. 图像源

图像源一般采用液晶显示屏，实现 HUD 系统的各种功能，并输出视频信号。

2. 光学系统

光学系统将视频信号投射出去，并且可以调节大小、位置等参数。

3. 图像合成器

一般将前风窗玻璃作为图像合成器，把外部景物信息和内部投影信息合成到一起。投射的图像在前风窗玻璃上发生反射，以达到和前方路况信息叠加融合的效果。

三、抬头显示系统工作原理

1. 前风窗玻璃映像式抬头显示系统

从图像源发出的光经过投影透镜折射和风窗玻璃反射与外部的景物光一同进入人眼，人眼沿着光线的反向延长线观察到位于风窗玻璃左侧的虚像，从而保证驾驶员能够在观察前方路况信息的同时也能观察到仪表板上的信息。风窗玻璃一方面能透射外部景物光，另一方面又能反射图像源经过投影透镜的光。这种系统的优点是驾驶员在能够观察到投影像的同时还允许一定范围的头部移动；缺点是图像小、亮度低、视场角小、重量和体积都较大。

2. 前置反射屏式抬头显示系统

该系统是在车内设置独立的半反射半透射的反射屏，图像源发射出的光线经过反射屏进入人眼，驾驶员沿着该反射光线的反向延长线方向能够观察到悬浮在前方的虚像。在这种结构中，反射屏与风窗玻璃是相互独立的两个部分，并不需要对风窗玻璃进行处理。此外，反射屏可以前后转动，投射角度比较灵活。但是反射屏的设置会使车内空间变得狭小且结构复杂。

3. 自由曲面抬头显示系统

汽车的风窗玻璃不是一个平面，而是带有一点弧度的曲面，因此可以用自由曲面来代替传统结构中风窗玻璃所在的面。包括两个自由曲面和一个折叠反射镜。

图像源发射出的光线先经过折叠反射镜反射，再经过自由曲面像合成器反射进入人眼，其中，自由曲面像合成器是风窗玻璃所在的面。这种结构形式简单灵活，像差平衡能力强，成像质量较好，但制造成本较高。

4. 菲涅耳透镜抬头显示系统

在抬头显示系统中，为了获得较大的观察图像范围，通常需要较大口径的光学透镜。光学透镜的口径越大，透镜的体积越大，重量越大，透镜越不易加工，且成本越高。为了在保证透镜口径的前提下减少透镜厚度，可以使用菲涅耳透镜。

菲涅耳透镜平视系统通过两片菲涅耳透镜的放大，最后经过风窗玻璃的反射进入人眼。该结构形式简单，透镜体积小，重量轻。

5. 与仪表板相结合的抬头显示系统

与仪表板相结合的抬头显示系统包括一个图像源、一个分光镜、多个平面反射镜和一组光学系统。

图像源发出的光经过分光镜分成透射部分和反射部分，透射部分的光经过平面反射镜反射，将透射图像反射到仪表板上作为显示信息；反射部分的光经过光学系统折射和风窗玻璃反射进入人眼。仪表板系统和抬头显示系统采用同一个图像源，可以保证二者显示信息的实时性，充分利用驾驶台前面可用空间，减小系统的体积。

四、抬头显示系统的应用

本书介绍的抬头显示系统是奔驰汽车的抬头显示系统。奔驰从 2014 年开始引入平视系统并在其高端车型中应用，该系统可提供车辆速度和速度限制的数据，并通过驾驶辅助系统发出导航指令和警告，补充了仪表板上的信息。以奔驰 S 级平视系统为例，在按下抬头显示系统的功能按键后，与驾驶相关的重要信息被投影到风窗玻璃上，驾驶员视线无需离开前方道路，即可查看与驾驶相关的重要信息，从而有效地避免分散对前方道路的注意力，保障了行驶安全。奔驰抬头显示系统应用如图 7-53 所示。

图 7-53　奔驰抬头显示系统应用

奔驰抬头显示系统可以提供导航信息、当前车速、探测到的指示和交通标志，以及在驾驶员辅助系统中设定的车速信息（例如定速巡航控制）。此外，当驾驶员接听电话时，来电信息也会出现在抬头显示系统上。在音频模式下，当音频源正在播放时，会暂时显示电台名称或曲目。

抬头显示系统往往和智能驾驶辅助系统配合使用，在使用车道保持、智能限距、智能巡航等功能时，能够很好地把这些功能在风窗玻璃上投影显示出来，给驾驶车辆带来极大的方便，提高了行车安全系数。

单元十一　城市领航辅助驾驶系统结构原理与应用

学习目标

1. 了解城市自动驾驶系统基本概念。
2. 了解城市自动驾驶系统结构原理。
3. 了解城市自动驾驶系统实车应用情况。

城市领航辅助驾驶系统结构原理与应用

一、城市领航辅助驾驶系统的定义

城市领航辅助驾驶系统也被称为 NOA（Navigate on Autopilot），主要应用于城市道路环境。它是一种高级的辅助驾驶功能，基于车道居中辅助系统（LCC）功能，能够根据导航设定的线路、实际道路限速和车流状况，自动调节车辆速度，甚至进行变道辅助驾驶到达目的地。

在具体的使用场景中，城市领航辅助驾驶系统可以分为两种：一种是环路和高速封闭道路的领航辅助，它可以实现在半封闭道路无红绿灯的高架或者高速公路上领航辅助驾驶，进出匝道，在多条环路或者高速公路之间切换；另一种则是城市道路的领航辅助，即在城区中完成自动驾驶。城市领航辅助驾驶系统如图 7-54 所示。

图 7-54　城市领航辅助驾驶系统示意图

二、城市领航辅助驾驶系统的组成

城市领航辅助驾驶系统主要由以下几部分组成：城市辅助驾驶基本单元、电子控制单元、执行单元、人机交互单元，其系统组成如图 7-55 所示。

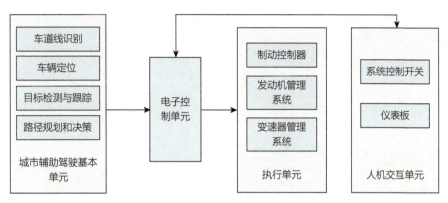

图 7-55 城市领航辅助驾驶系统组成

1）车道线识别：该模块主要通过车载摄像头、激光雷达、组合导航等传感器实现。它可以识别车道线，检测车辆在道路上的位置，为后续的车辆控制提供基础。

2）车辆定位：该模块主要通过惯性导航组合系统确定车辆的相关位置和姿态，同时可以结合高精度地图和环境感知信息联合确定车辆的相关位置。

3）目标检测与跟踪：该模块可以帮助车辆识别前方的车辆、行人、自行车等障碍物，并预测它们的运动轨迹。这一功能通常由车载摄像头、毫米波雷达、激光雷达等传感器实现，并进行融合感知。

4）路径规划和决策：基于车道线识别和车辆定位，以及目标检测和跟踪的结果，系统需要制定一条安全、高效的行驶路径，包括选择合适的车道、确定车速等。同时，系统还需要根据实时交通情况做出决策，如变道、超车等。

5）电子控制单元：根据路径规划和决策的结果，通过加减速装置、转向等设备来控制车辆的行驶。

6）人机交互单元：主要和用户进行交互，显示系统的运行状态、显示感知的障碍物情况、提醒驾驶员接管等。

三、城市领航辅助驾驶系统的实车应用

本书介绍的城市领航辅助驾驶系统是小鹏汽车公司的 X-NGP 城市领航辅助驾驶系统。该系统适用于部分城市的部分道路，可以在驾驶员有效监控下，按照导航路径智能调节车速、智能变换车道、左/右转弯、路口通行、通过环岛等。

开启城市 NGP 前，需要确认车辆中控大屏的"车辆"—"辅助驾驶"—"城市导航辅助驾驶"已经打开，如图 7-56 所示。

图 7-56　打开车辆中控大屏的"城市导航辅助驾驶"

　　完成车辆设置后，满足以下三个条件，才能开始体验城市 NGP：设置导航目的地、进入城市 NGP 可用区域、将档位拨杆向下连续拨动 2 下。

　　1）导航路径规划。使用时，需要先在中控大屏上设置导航目的地，当车辆按照导航路径行驶进入城市 NGP 可用路段后，导航界面左上角会出现灰色的城市 NGP 图标，此时表示城市 NGP 处于可用状态，但功能尚未开启，如图 7-57 所示。

图 7-57　导航路径规划

　　2）开启城市 NGP 驾驶模式。将右侧档位拨杆向下连续拨动 2 下，即可开启城市 NGP 驾驶模式。如果车辆已经启用 LCC 功能，进入城市 NGP 可用区域时，系统将自动切换为城市 NGP 驾驶模式。

　　3）调节功能：速度。开启城市 NGP 驾驶模式后，仪表的城市 NGP 图标会变成蓝色，同时伴有功能进入提示音，大屏将切换到智能辅助驾驶模拟显示界面，此时城市 NGP 功能激活，并辅助驾驶员控制车辆，驾驶员也可以通过转向盘左侧滚轮调节巡航速度，如图 7-58 所示。

图 7-58　左侧滚轮调节巡航速度

4）城市 NGP 驾驶模式退出。在城市 NGP 驾驶模式下，若需要退出功能，驾驶员可以通过双击中控大屏上的城市 NGP 图标、轻踩制动踏板以及上拨档位拨杆来实现。通过转动转向盘主动接管车辆、退出导航也能退出城市 NGP 驾驶模式。

在城市 NGP 驾驶模式下，面临不同的道路状况，中控大屏有四个不同等级的交互提示，来提醒和指引驾驶员应对路况：

1）告知。中控大屏出现图标，表示车辆将有动作发生，需小心驾驶，如图 7-59 所示。

图 7-59　中控大屏出现图标

2）提示。中控大屏仅出现图标，并且伴随有语音提示，表示此时道路环境可能存在风险，需小心驾驶，如图 7-60 所示。

3）警示。中控大屏红色背光警示，并且伴随有语音提示，表示此时道路环境复杂，城市 NGP 无法及时响应，需小心谨慎驾驶，如图 7-61 所示。

4）强警告。中控大屏红色背光强提示，并且伴随有紧急的立即接管 / 减速提示语音，转向盘也会发出振动警告，如图 7-62 所示，表示此时城市 NGP 无法正常工作，需要驾驶员立刻接管车辆。

图 7-60　中控大屏仅出现图标

图 7-61　中控大屏红色背光警示

图 7-62　中控大屏红色背光强提示

复　习　题

一、填空题

1. 前方碰撞预警系统（FCW）是通过 _____、_____ 等传感器实时感知车辆前方的物体，检测自车与目标之间的距离并警示驾驶员的一种系统。

2. 仪表报警单元接收到控制单元的信号后，将在仪表上通过 _____ 的方式警示驾驶员，并发出警告声。

3. E-NCAP定义的城市型前方碰撞预警系统，能在车速不超过 _____ 情况下起作用。

4. 沃尔沃公司的 XC60 车道偏离预警系统，在车辆的行驶速度高于 _____ 时可以启动。

5. 在处理器内部，首先进行 _____，过滤掉图像捕获期间混入的噪声。

6. 汽车自适应巡航系统（ACC）是在 _____ 基础上发展起来的一种新型智能巡航系统。

7. 当驾驶员启动自适应巡航系统时，_____ 会出现自适应巡航系统的图标。

8. _____ 系统利用摄像头等传感器感知并计算车辆在车道中的位置信息及运动信息，利用车辆的转向和制动系统对车辆进行控制，防止车辆偏离车道而发生事故。

9. _____ 系统通过安装在车辆后视镜或其他位置的传感器，来检测后方的车辆、行人等。

10. 北美地区的汽车后视镜一般采用平镜，视野角为 _____，中国的汽车后视镜通常采用曲镜，视野角约为 _____。

11. 马自达阿特兹的防眩远光控制在行驶速度约为 _____ 以上时自动启用。

12. _____ 是指通过图像均衡、图像增强和图像去噪等算法，将图像的光线均衡，突出关键信息。

13. 图像的关键特征是系统识别出具体信息的关键因素，特征的好坏直接决定了识别的 _____。

14. 目前有多种方法能够实现图像特征与特征库数据的比对，最为简单直接的方式是 _____。

15. _____ 让识别技术不再依靠具体固定的参数，而是通过一系列的条件判断，让系统找到概率最大的目标，以此提升识别的准确度和灵活性。

16. _____ 是人车关系从工具向伙伴演进的重要纽带和关键节点。

17. 随着互联网、云端技术的发展，结合当下最热的 5G 技术，除了实现车辆的自动驾驶外，更多是实现车辆与智能家居的 _____。

18. 转向盘和座椅是驾驶环节中最不能缺少或最直接感觉驾驶员意图的工具，将其安装 _____ 可以实时获取身体信息等。

二、选择题

1. 前方碰撞预警系统主要由（　　）构成。

　　A. 环境感知单元　　　B. 控制单元　　　　　C. 执行单元　　　　　D. 制动单元

2. 低速前方碰撞预警系统可以监测前方路况与车辆移动情况，一般有效距离为（　　）。

　　A. 1~3m　　　　　　　B. 6~8m　　　　　　　C. 10~20m　　　　　　D. 30~40m

3. 用于高速公路路况的前方碰撞预警系统以（　　）为核心设备，采用预警信号来提醒驾驶员潜在的危险。

　　A. 超声波传感器　　　　　　　　　　　　　　B. 摄像头

　　C. 短距雷达　　　　　　　　　　　　　　　　D. 中／远距离毫米波雷达

4. （　　）主要用于感知车辆前方道路车道线状况，并将感知信号从模拟信号转变为数字信号。

　　A. 摄像头　　　　　　　B. 超声波传感器　　　C. 毫米波雷达　　　　D. 激光雷达

5. 自适应巡航系统通过（　　）等传感器感知汽车前方的道路环境。

　　A. 轮速传感器　　　　　B. 档位传感器　　　　C. 摄像头　　　　　　D. 毫米波雷达

6. 自适应巡航系统对（　　）没有跟踪功能，对于动态目标应当具有探测距离、目标识别、跟踪等功能。

　　A. 客车　　　　　　　　B. 货车　　　　　　　C. 无人驾驶汽车　　　D. 静止目标

7. 奥迪A6L使用的自适应巡航系统是基于（　　）的解决方案。

　　A. 单目摄像头　　　　　B. 双毫米波雷达　　　C. 三目摄像头　　　　D. 激光雷达

8. 车道保持辅助系统会对车辆的（　　）进行微调，使车辆驶回原车道行驶。

　　A. 加速　　　　　　　　B. 速度　　　　　　　C. 制动　　　　　　　D. 转向

9. 如果识别出两侧的车道边界线，控制单元会计算车道（　　）。

　　A. 宽度　　　　　　　　B. 曲率　　　　　　　C. 平整度　　　　　　D. 长度

10. 奥迪A8采用摄像头和控制单元集成设计的方案，该摄像头总成安装在车辆前风窗玻璃的支架上并进行固定，摄像头的探测距离最大约为（　　）。

　　A. 30m　　　　　　　　B. 60m　　　　　　　C. 90m　　　　　　　D. 120m

11. 在奥迪A8的转向盘上装有振动电机，它通过振动来提醒驾驶员，转向盘的振动时间取决于驾驶员对于当前道路的反应情况，一般时间在（　　）左右。

　　A. 1s　　　　　　　　　B. 3s　　　　　　　　C. 5s　　　　　　　　D. 10s

12. 环境光照强度传感器用于感知环境亮度，便于对车灯（　　）进行调节。

　　A. 照明高度　　　　　　B. 照明时间　　　　　C. 照明强度　　　　　D. 照明宽度

13. 马自达阿特兹的自适应前照灯系统主要有（　　）功能。

　　A. 时间控制　　　　　　　　　　　　　　　　B. 防眩远光控制

　　C. 分速调控　　　　　　　　　　　　　　　　D. 配光控制

14. 通过（ ）的协调控制，汽车可以跟踪已规划路径并且在泊车过程中及时进行调整。

    A. 转向   B. 发动机   C. 制动模块   D. 路况

15. 车辆行驶过程中最常见的交通标志主要有（ ）。

    A. 警告标志   B. 禁令标志   C. 指示标志   D. 限速标志

16. 当前交通标志的检测方法主要有两种，一种是基于（ ）的识别技术，一种是基于（ ）的识别技术。

    A. 颜色特征和图形特征组合   B. 深度学习

    C. 环境   D. 路标

三、判断题

1. 环境感知单元主要由摄像头、毫米波雷达、车速传感器、加速踏板位置传感器、制动踏板位置传感器组成。（ ）

2. 欧洲新车安全评鉴协会（E-NCAP）对汽车前方碰撞预警系统的使用环境提出了三个应用类型，分别为用于城市路况的防碰撞辅助系统、用于高速路况的防碰撞辅助系统、用于行人保护的防碰撞辅助系统。（ ）

3. 车道偏离预警系统使用摄像头作为视觉传感器检测车道线，计算车辆在车道中的位置信息及运动信息，判断车辆当前是否偏离车道。（ ）

4. 在慢速行驶或制动、正常转向时，LDW 系统是不工作的。（ ）

5. 当车辆偏离车道线时，仪表板上将显示车辆偏离的图标并通过报警装置进行报警。（ ）

6. 自适应巡航系统集成了汽车定速巡航系统和车辆前方碰撞预警系统。（ ）

7. 自适应巡航系统的环境感知单元主要由摄像头、毫米波雷达、车速传感器、转向角传感器、节气门开度传感器、制动踏板位置传感器组成。（ ）

8. 应用于奥迪 A6L 的新一代自适应巡航系统在 0km/h 时即可激活，系统会自动加速到 30km/h。（ ）

9. 车道保持辅助系统利用视觉传感器采集道路图像，利用车速传感器采集车速信号，利用转向盘转角传感器采集转向信号。（ ）

10. 在奥迪 A8 车型上，按下车道保持辅助系统按钮后，如果行驶车速高于60km/h，那么系统将会启动。（ ）

11. 车辆在变道行驶时，由于转弯时后视镜存在视野盲区，驾驶员仅凭后视镜的信息无法完全判断后方车辆的信息。（ ）

12. 汽车自适应前照灯系统（AFS）是可以根据不同的道路行驶条件，自动改变多种照明类型的一种照明系统。（ ）

13. 环境感知单元的主要作用是感知当前的行驶环境信息并将信息通过 CAN 总线传递给控制单元。（ ）

14. 搭载在风窗玻璃上的车载摄像头可识别对向车辆和物体，如果检测到存在车辆或物体，车灯照射的区域会渐变式自动熄灭与点亮。　　　　　（　　）

15. 马自达阿特兹自适应照明系统具有先进的配光控制系统，可以根据转弯半径和转向盘角度来调整光束，转弯半径越大，光束的偏离角越大。　　（　　）

16. 自动泊车辅助系统（APA）是利用车辆传感器感知周边环境，对车辆可停泊的有效区域进行计算并进行泊车的一种系统。　　　　　　　　（　　）

17. 2018年，小鹏G3发布了全场景泊车的特色功能，可适应垂直、侧方、斜方、特殊四种场景。　　　　　　　　　　　　　　　　　　（　　）

18. 交通标志识别系统（TSR）是指通过安装在车辆上的多用途摄像头单元扫描交通标志，并将交通标志显示在车载电脑或抬头显示器上，使驾驶员能够识别当前限速及附加信息的一种系统。　　　　　　　　　（　　）

19. 区间控制模式的主要控制目的是以安全速度减速控制车辆；曲率控制模式的主要控制目的是以曲率最优速度减速控制车辆。　　　　　　（　　）

20. 在我国，交通信号灯的设置必须遵循GB 5768.2—2022《道路交通标志和标线 第2部分：道路交通标志》。该标准规定了交通标志主要分为主标志和辅助标志两大类。　　　　　　　　　　　　　　　　（　　）

21. 抬头显示简称HUD，又被叫作平视系统。　　　　　　　　　（　　）

22. 汽车抬头显示系统主要由图像源、光学系统、图像合成器三部分组成。（　　）

参 考 文 献

［1］陈慧岩，熊光明，龚建伟．无人驾驶汽车概论［M］．北京：北京理工大学出版社，2014.

［2］崔胜民．智能网联汽车新技术［M］．北京：化学工业出版社，2016.

［3］何娜．工信部印发车联网（智能网联汽车）产业发展行动计划［J］．物联网技术，2019，9（1）：3+5.

［4］周济．智能制造——"中国制造2025"的主攻方向［J］．中国机械工程，2015（17）：2273-2284.

［5］田野．工信部发布2020年智能网联汽车标准化工作要点［J］．智能网联汽车，2020（3）：6-7.

［6］马忠义．无线通信中传输干扰源的防御措施［J］．信息通信，2013（2）：214.

［7］卫何．蓝牙技术发展及其在物联网中的应用展望［J］．应用能源技术，2016（4）：52-54.

［8］于宏伟．掌上系统红外通信技术及其应用［D］．长春：吉林大学，2004.

［9］路国明．5.8GHz射频识别电子标签射频技术研究［D］．哈尔滨：哈尔滨工业大学，2010.

［10］吴风雨．NFC技术应用领域的发展［J］．电子技术与软件工程，2017（12）：33.

［11］韩宝石，王峥．车载毫米波雷达国内外发展现状综述［J］．数字通信世界，2019（9）：15-16.

［12］高志伟．基于视觉的车辆防碰撞预警方法研究［D］．长沙：湖南大学，2019.

［13］郑伟．汽车自适应巡航系统控制策略研究［D］．西安：长安大学，2019.

［14］郭洪强，陈慧，陈佳琛．基于EPS的车道保持辅助系统设计［J］．汽车技术，2018（8）：33-38.

［15］CHENG Z M, LIU X L, QIU T Y. Vehicle Target Recognition System Based on Fuzzy Control for Millimeter Wave Radar［C］//International Conference on Intelligent Human-machine Systems & Cybernetics. New York：IEEE, 2017.

［16］张晓鸣．汽车自适应前照灯系统的设计与实现［D］．哈尔滨：哈尔滨工程大学，2014.

［17］毕清磊．自动泊车辅助系统的研究与开发［D］．重庆：重庆交通大学，2017.

［18］甄文媛．小鹏汽车的"真智能"实践［J］．汽车纵横，2019（1）：40-42.

［19］张淑芳，张聪，张涛，等．通用型无参考图像质量评价算法综述［J］．计算机工程与应用，2015，51（19）：13-23+151.

［20］LIU X L，CHENG Z M，YI F Y. A Road Detection Technology Based on Reverse Perspective Transformation［C］//International Conference on Intelligent Human-machine Systems & Cybernetics. New York：IEEE, 2016.

［21］郭烈，黄晓慧，刘宝印，等 . 基于道路模型的弯道检测研究与应用［J］. 交通信息与安全，2012，30（3）：141-146.

［22］李明，黄华，夏建刚 . 基于 Hough 变换的车道检测改进算法研究［J］. 计算机工程与设计，2012，33（4）：1638-1642.

［23］罗杨 . 复杂环境下的车道线检测［D］. 成都：电子科技大学，2020.

［24］杨小上 . 基于梯度方向特征的行人检测［D］. 长春：东北师范大学，2012.

［25］REDMON J，DIVVALA S，GIRSHICK R，et al.You Only Look Once: Unified, Real-Time Object Detection［C］//2016 IEEE Conference on Computer Vision and Pattern Recognition（CVPR）. New York：IEEE，2016.

［26］REDMON J,FARHADI S A.YOLOv3:An Incremental Improvement［C］//2018 IEEE Conference on Computer Vision and Pattern Recognition (CVPR). New York：IEEE,2018.

［27］BOCHKOVSKIY A, WANG C Y, LIAO H Y M. YOLOv4: Optimal Speed and Accuracy of Object Detection［J］. ResearchGate，2020（4）：1-17.

［28］MUR-ARTAL R, MONTIEL J M M , TARDOS J D. ORB-SLAM: A Versatile and Accurate Monocular SLAM System［J］. IEEE Transactions on Robotics, 2017，31（5）：1147-1163.